Caminhos de Libertação

VALENTIM LORENZETTI

Caminhos de Libertação

Editora Aliança

3ª edição, out/2004, do 9º ao 13º milheiro

Título

CAMINHOS DE LIBERTAÇÃO

Autor

Valentim Lorenzetti

Revisão

André Lorenzetti

Editoração

MMS

Capa

LVBA

Impressão

Book RJ Gráfica e Editora

Ficha Catalográfica

	Lorenzetti, Valentim, 1938-1990
L763c	Caminhos de Libertação / Valentim Lorenzetti
	3ª edição - São Paulo: Editora Aliança - 2004
	240 págs.
	1. Espiritismo 2. Crônicas I. Título
	CDD - 133.9

EDITORA ALIANÇA

Rua Francisca Miquelina, 259 - Bela Vista - São Paulo - SP
CEP 01316-000 - Fone: (0xx11) 3105-5894 - Fax: (0xx11) 3107-9704
www.alianca.org.br e-mail: alianca@alianca.org.br

SUMÁRIO

APRESENTAÇÃO

*J*á houve tempo em que se dava muito mais importância à forma do que às idéias na avaliação de qualquer obra. Dentro deste critério, aliás inseguro, um livro "bem escrito" seria simplesmente aquele que se apresentasse com a melhor roupagem verbal, cheio de preciosismos ou muito "derramado" nos adjetivos. Hoje, no entanto, o critério crítico, na maioria dos casos, prefere muito mais o conteúdo. Linguagem correta é uma coisa, linguagem rebuscada ou excessivamente adjetivada é outra coisa. Claro que quem escreve para o público, através do livro ou de jornal, deve ter cuidado com a linguagem, isto é, deve esforçar-se para não cometer deslizes no manejo do idioma.

A expressão descuidada compromete o pensamento. Um livro cheio de incorreções flagrantes, ainda que bem intencionado, corre logo o risco de não ser levado a sério... Mas um livro "bem escrito", na realidade, é aquele que se faz entender por gregos e troianos, diz o que quer, deixa a sua mensagem sem dar trabalho a ninguém para "decifrar"observações ou frases enigmáticas. Por isso mesmo, o jornalista e o escritor espírita devem ser claros em tudo quanto escrevem.

Pois bem, temos um exemplo à mão. É este livro. Nele se nota muito bem o traço do jornalista. Confesso que li, assinalei e apreciei o livro em três aspectos convergentes: clareza, síntese e objetividade. É um trabalho jornalístico, pois o autor reúne artigos de sua colaboração efetiva na "Folha da Tarde", de São Paulo, e naturalmente outros artigos. Mas Valentim Lorenzetti sabe, e sabe mesmo, escrever para o público, o que não é comum, ainda hoje, apesar das mudanças que estamos verificando na sociedade. Há pessoas que têm muito saber, mas não conseguem transmitir o que sabem. E por quê? Justamente porque não têm jeito para ensinar, não têm aptidão didática. Há também muita gente de grande cultura, capaz de escrever trabalhos alentados e eruditos, mas impenetrável no que escreve, pois somente poucos, e com muita boa vontade, podem absorver o que sai da cabeça dos autores desse tipo. Resultado: escrevem, mas não se comunicam.

Quem se dirige ao meio espírita, tanto pela palavra falada quanto pelo livro ou pelo jornal, precisa levar em conta, antes de tudo, que a **massa** de leitores, como se costuma dizer, é bem heterogênea, pois os adeptos e simpatizantes da Doutrina são procedentes de várias correntes de idéias, têm níveis intelectuais muito diferentes e vivem situações emocionais também variadas. Há o intelectual, apenas intelectual, há o desorientado e há, por fim, o sofredor, que precisa de uma palavra mais encaminhada ao coração do que propriamente à inteligência. Então, a arte de escrever, no caso espírita, está justamente em saber "temperar" a linguagem para servir bem e divulgar a Doutrina de um modo satisfatório.

O confrade Valentim Lorenzetti demonstra muita vivência no meio espírita pela maneira de tratar dos temas. O livro não é demolidor, mas é crítico, necessariamente. O que o autor diz, por exemplo, sobre a falsa idéia de "Centro forte", como também sobre "Obras sociais e Doutrina", "Poluição espiritual", "Casamentos espíritas" e muitos outros temas em foco, reflete situações existentes. Haveria muito o que apreciar, mas o próprio leitor vai deleitar-se, como se costuma dizer. Subscrevo inteiramente a opinião do confrade Lorenzetti sobre auxílio estatal às instituições espíritas, aliás em dois capítulos. E é preciso ferir o assunto com todo o senso da realidade. Outro ponto em que as nossas idéias se encontram em tudo por tudo é no que se refere às reuniões familiares. É um capítulo que deve ser lido e meditado.

Finalmente, que o leitor leia e medite no que está escrito sobre "Comida ou Evangelho", pois, em pouco mais de uma página, o Autor oferece matéria para que se pense muito sobre o modo de conciliar o pão do corpo com o pão do espírito na mesma criatura. Vou parar, mas penso que dei, embora por alto, uma idéia geral do valioso e oportuno temário de *Caminhos de Libertação*.

Deolindo Amorim

1
A NOVA ERA

A Ciência, com o seu caminhar progressivo, vai aos poucos ao encontro às realidades espirituais. Credenciada por Deus para descobrir e utilizar, em favor do homem, todos os recursos da Natureza, ela é um dos mais poderosos instrumentos para a construção do novo mundo e para a substituição de conceitos tidos até agora como insubstituíveis.

Em sua marcha progressiva chegará um dia em que tocará o Espiritismo. Ou melhor, tocará o caminho seguido pela Religião no sentido amplo da palavra; não a religião dogmática, estreita e particularista. A partir desse momento, Ciência e Religião fundir-se-ão, não mais caminharão paralelamente. E a Ciência descobrirá que é filha da Religião, filha do sentimento inato do homem, de busca do desconhecido. Sentimento este que existe em todos os estágios de progresso da Humanidade, desde o selvagem até o mais culto homem civilizado. Com a diferença de que no selvagem reveste-se de um sentimento de medo e respeito pelo desconhecido; medo e respeito que denunciam a presença de algo que ele não conhece e que, com o desenvolvimento intelectual, passará a procurar: é o fundamento de toda pesquisa científica.

O Espiritismo, não se preocupando com a forma e sim com a essência, nunca temeu a Ciência; pelo contrário, sempre se antecipou à Ciência. Onde a Ciência estabelece limites, justamente devido aos seus métodos concretos de pesquisa e avaliação, o Espiritismo prossegue. Mas, continuando seu trabalho — como vem fazendo hoje — a Ciência atravessará o véu que separa o mundo visível do invisível, encontrando-se, fatalmente, com o Espiritismo, que a aguarda do outro lado. Quando isso ocorrer — e pelos acontecimentos pode-se prever que não demorará muito — estará instalada na Terra a "era mediúnica" (assim chamada pelo prof. Herculano Pires). Uma era em que os homens perceberão a continuidade da vida embora a inexistência do corpo material.

Nessa era tudo o que é "forma", tudo o que é transitório e perecível, passará a ter o seu valor verdadeiro. No campo moral, essa era trará modificações de envergadura. Por exemplo, os homens não mais se apegarão egoisticamente aos bens materiais, para efeito de enriquecimento próprio e de seus familiares em detrimento do restante da coletividade. Haverá, forçosamente, menos apego aos títulos vantajosos (como "proprietário", "patrão", etc.) e muito mais destaque para as oportunidades que tais títulos representam para seus detentores; oportunidades de trabalho em escala ampla, beneficiando maior gama da sociedade.

A família também será fundamentalmente atingida pelos efeitos da nova era. Aliás, a Ciência ensinará aos homens o novo caminho. Com o surgimento do "bebê de laboratório" (uma espécie de útero materno fora do corpo, onde reencarnarão os Espíritos no futuro)[1] deixará de ter fundamento o chamado "laço de sangue", a parentela consanguínea. Somente prevalecerá a parentela espiritual, a verdadeira parentela que se rege pela lei das afinidades. Será realmente um amor muito mais profundo entre os membros de uma mesma família, visto que será espontâneo e não sujeito às flutuações da matéria, ou melhor, às flutuações dos bens materiais. A reencarnação será compreendida em toda a sua extensão e os homens ficarão sabendo que as afinidades são imorredouras: pertencemos a uma grande família espiritual.

A par do avanço científico, a nova era está também sendo preparada no campo moral. A rebelião dos jovens, por exemplo, é uma

[1] Na ocasião deste artigo, a única forma de reprodução "não natural" era o bebê de proveta. (Nota do Revisor)

forma de nos preparar para um amor menos exclusivista. Passam os pais, desde já, a compreender que o filho não é sua propriedade exclusiva, é um Espírito carente de amparo e disciplina. A dor vai ensinando os pais de hoje a se prepararem para o amanhã. Hoje são obrigados a amar filhos que vivem fora de casa uma grande parte do tempo, renegando a autoridade dos genitores, preparam-se para amanhã oferecerem todo o seu amor a filhos que nem sequer foram gerados por eles: Espíritos reencarnados num tubo de laboratório.

Os jovens, por sua vez, com a quebra brusca da sujeição à autoridade, estão passando por uma experiência que, embora dolorosa para eles mesmos, lhes será útil: preparam-se para o "meio-termo" da nova era. Evidentemente, o excesso de liberdade de que procuram não abrir mão, em muitos casos afeta a liberdade do próximo; quando isso ocorre deixamos de ser apóstolos da liberdade para passarmos, vertiginosamente, para o lado oposto: seremos opressores da liberdade alheia. Quando se oprime alguém, a Lei de Causa e Efeito nos ensinará o valor real da liberdade, utilizando a violência da dor em nós mesmos.

Portanto, a juventude que se excede está cultivando uma experiência (de que poderia abrir mão se meditasse um pouco) que lhe ensinará a viver a verdadeira liberdade da nova era no Planeta Terra.

2
CENTRO FORTE

*E*xiste Centro Espírita forte e Centro Espírita fraco? Não; existe apenas Centro Espírita.

"Mas, já me falaram uma vez que eu deveria freqüentar um Centro mais forte". Se falaram (e disso não duvidamos, pois muita gente se põe a dar conselhos sobre Espiritismo sem saber nada do assunto), pode pôr o conselheiro de quarentena. Repetimos: só existe um tipo de Centro Espírita — é aquele onde a pregação e a prática do Evangelho estão colocadas acima de quaisquer interesses particulares.

E quando nos referimos a "interesses particulares", queremos falar das pessoas que procuram os Espíritos só para resolver problemas de ordem material; só pedem e nada dão de si. São indivíduos que acreditam em mágicas, que acreditam em milagres. É preciso deixar claro que, no Centro Espírita, se a pessoa recebe um benefício do Plano Espiritual é porque a ele faz juz; é porque se propôs a dar, em troca, uma melhoria de si mesmo. Melhoria interior, nada de exterior; nada de oferendas em dinheiro ou espécie. O que o Espiritismo prega é a reforma íntima do homem; aquele esforço que todo indivíduo é capaz de fazer, a fim de amanhã ser melhor do que hoje. Um esforço que não exige riqueza ou tempo. Exige apenas boa vontade, responsabilidade.

Portanto, todo Centro verdadeiramente espírita é "forte". Pois até hoje não encontramos um Espírito mais forte do que Jesus. Pelo menos no estágio evolutivo em que ainda nos encontramos. Forte é Jesus; sua ascendência moral sobre todos nós — sobre todos os Espíritos que nos rodeiam — é incontestável. Ora, se um Centro está colocando em prática os ensinamentos de Jesus, está, automaticamente, fortalecido. É um Centro que deve ser freqüentado por quem deseja ficar realmente forte do ponto de vista espiritual. Mas, os fracos e gananciosos — os indivíduos que só pensam em sua fortuna pessoal — estes não encontram lugar ao lado daqueles que lutam com Jesus. Estes vão, realmente, em busca dos Espíritos "fortes" em assuntos materiais; Espíritos com pouca ou nenhuma moral. E com pouco ou nenhum conhecimento das Leis Eternas que regem nossas vidas.

Quem procura um "Centro forte" para resolver um problema imediato (ficar curado rapidamente, por exemplo) pode encontrar aquilo que procura. Os Espíritos que prestam colaboração nesses núcleos são acostumados a obedecer aos homens sem quaisquer preocupações de ordem moral. Podem, contudo, acontecer duas coisas não muito agradáveis para os pesquisadores dos "Centros fortes".

1ª) Muitas vezes, uma doença que acomete a pessoa é uma prova necessária à reeducação e ao reequilíbrio do Espírito encarnado. Uma espécie de prisão, que mantém o prisioneiro (Espírito) na linha, sem cometer grandes abusos. É possível, portanto, que, curada essa doença, o Espírito ainda desequilibrado, sentindo-se com um corpo sadio, comece novamente a fazer uma série de desatinos que o levarão fatalmente a um longo estacionamento expiatório em sua caminhada rumo à perfeição. O correto é o indivíduo apoiar-se moralmente nos ensinamentos evangélicos, aceitar o passe magnético com devoção e aguardar a atitude da Providência Divina. Se realmente os Espíritos julgarem que ele já poderá se libertar da prisão, ele será curado: não haverá jamais perigo iminente de seu Espírito cair em novos erros nesta encarnação. Entretanto, se ainda não conseguiu disciplinar-se, o Plano Espiritual Superior permite que prossiga sofrendo a doença, mas lhe dará força e coragem de suportar a dor.

2ª) Pode também acontecer uma espécie de compromisso espiritual entre o indivíduo que foi beneficiado por um Espírito pouco esclarecido, e esse próprio Espírito. Isto é, quando pedimos alguma coisa a alguém, ficamos devendo um favor; estabelece-se uma espécie de pacto. Algo semelhante com a alegoria do homem que vendeu a alma ao diabo. Na realidade, o indivíduo passa a dever um favor ao Espírito que o atendeu; e Espíritos ainda materializados, como nós, costumam cobrar os favores que prestam. Como um homem interesseiro quando presta um auxílio a qualquer pessoa: fica aguardando o momento para "cobrar" o favor. Imagine-se a situação do supostamente beneficiado com o atendimento: estará sempre preso a um compromisso que, um dia, terá de saldar. E saldar de que forma? Prestando-se a trabalhar para tais Espíritos — muitos dos quais ainda não sabem distinguir entre o bem e o mal. Devemos convir que não se trata de um bom negócio.

Voltando ao assunto: quem quiser um Centro forte, procure aquele Centro que não promete curas, mas esclarecimentos para fortalecer o Espírito.

3
AJUDA OFICIAL

*P*eriodicamente os meios espíritas ficam alvoroçados porque esta ou aquela autoridade chega a afirmar a excelência do trabalho assistencial exercido pelos espíritas e, evidentemente, tocada por sentimentos cristãos, promete maior ajuda governamental ao setor assistencial da Doutrina.

Quando tal euforia chega às hostes doutrinárias, será útil e prudente adotarmos duas atitudes. A primeira, é claro, agradecer a promessa de apoio, que, mesmo se não for concretizada, representa um estímulo para aqueles envolvidos no trabalho assistencial. A segunda atitude, e esta é a mais delicada, é aquela de não perdermos de vista os verdadeiros objetivos da assistência social espírita: ajudar o próximo elevando-o, e, ao mesmo tempo, trabalhar pela iluminação de nós mesmos, para que não nos façamos profissionais da Caridade e sim **servidores** conscientes da Caridade.

Nunca esquecer que a obra social é também grande ajuda para aquele que nela trabalha, talvez muito mais do que para aqueles que são por ela assistidos. Obra social é suor e humildade de quem se propõe a executá-la. Muitas vezes o cooperador de uma obra social recebe negativa de todos a quem vai pedir colaboração, mas essas negativas são as aulas mais vivas de seu aprendizado: elas lhe mostram, na própria carne, quais os caminhos que deverá indicar ao assistido para se elevar da condição de pedinte para a condição de doador.

O cooperador da assistência social que só espera ajuda oficial coloca-se na mesma posição do assistido, e, dessa forma, não terá condições morais e psicológicas de ajudá-lo a reerguer-se. Só se ensina aquilo que aprendemos. E no campo da assistência social, em que o ensinamento se traduz em trabalho, só poderemos ensinar aquilo que aprendemos trabalhando. Evidentemente, trabalhando lastreados em uma teoria, mas trabalhando sem teorizar.

Ainda nos lembramos de um fato marcante de que fomos testemunhas em Uberaba. Visitamos, num domingo de manhã, o Hospital de Pênfigo Foliáceo daquela cidade, guiados pela sua benemérita fundadora, dona Aparecida Conceição Ferreira. Quando entramos na pobre cozinha do hospital, Aparecida nos indicou alguns frangos assados sobre uma mesa, e informou:

"Acho que ontem deve ter havido uma festa numa casa de gente rica da cidade e eles nos mandaram estes frangos hoje de manhã. Mas, quando íamos aproveitá-los para a comida dos doentes, verificamos que já estavam se deteriorando. Isso contudo, não tem importância: nós vamos utilizá-los para fazer sabão, porque gastamos muito sabão aqui para dar banho nos doentes".

Uma lição dada por quem já se integrou na assistência social. Aparecida valorizou a migalha estragada, talvez até doada com sarcasmo. Não se perturbou; alegrou-se com a perspectiva de ter algum material para fazer o sabão tão necessário à limpeza de seus doentes.

É com gestos desse tipo que se constrói a estrutura de um trabalhador no campo da assistência social. Uma estrutura capaz de suportar as incompreensões dos críticos e de dar estímulo e exemplo para os de estrutura mais frágil, ajudando-os a se fortalecerem.

O auxílio oficial, portanto, deve ser encarado como uma parcela das necessidades de toda obra social. Isto porque a parcela maior deve caber realmente aos seus próprios cooperadores. Não permanecermos aguardando leis ou decretos oficializando obras espíritas, colocando-as sob a proteção de verbas oficiais, mas ir à frente, colocando a obra espírita a serviço da evangelização do serviço social governamental. Não desdenhar o auxílio oficial, pois que ele também é bênção do céu para as aperturas normais de uma obra social espírita, mas não fazer do auxílio oficial o único esteio da obra.

Não devemos retirar da obra social espírita seu caráter sacrifical, o mérito do trabalho árduo. Não nos esqueçamos de que, Espíritos imperfeitos que somos, poderemos ser tentados a descansar esperando que o governo nos auxilie. Portanto, mesmo que grandes ajudas governamentais sejam carreadas para as obras espíritas, devem os adeptos da Doutrina continuar sua luta na cata das migalhas, porque é nessa luta que adquirem estrutura moral para a administração dos bens maiores. Que a ajuda oficial possa ser utilizada na multiplicação das obras, mas que fique a manutenção das mesmas a cargo do suor de cada um.

4
GERIATRIA ESPIRITUAL

*H*á dias, conversando com um dos dirigentes da "Casa de Velhinhos Ondina Lobo", ele nos contava as alegrias que sentem todos aqueles que trabalham no amparo aos velhos, na assistência àqueles que, após trabalhar toda uma existência chegam ao fim da carreira abandonados pelos próprios filhos ou ficam sozinhos no mundo e sem recursos próprios.

Realmente, cuidar de velhos é uma vocação que deve ser estimulada pelos espíritas. Um trabalho que nos ensina a ajudar sem esperar recompensas imediatas, porque o velho está numa curva descendente e a assistência que lhe dermos funcionará mais como uma preparação para sua morte, sua partida da vida física, do que propriamente para seu fortalecimento físico. Um trabalho oposto ao daqueles que cuidam de crianças; a criança bem cuidada nos retribui logo no dia seguinte, apresentando-se saudável e sorridente. Não há aqui nenhuma intenção de subestimar o trabalho daqueles que cuidam de crianças: achamos que o círculo estaria realmente completo se uma instituição pudesse, ao mesmo tempo, assistir à criança e aos velhinhos.

A Geriatria, a ciência que cuida dos problemas de velhice, tem sido duramente criticada por alguns homens de ciência. Acham seus críticos que é pura perda de tempo e dinheiro preocuparmo-nos com a assistência aos velhos, àqueles que já nada mais produzem para a sociedade, em detrimento da assistência aos jovens, porque estes têm ainda possibilidades de pagar esse tipo de assistência à coletividade. Pensam em termos de investimento material num campo em que a matéria é meramente transitória: importa o espírito, o psiquismo preexistente e sobrevivente de todo ser humano.

O velho de hoje é a criança de amanhã. Asilo e creche se interligam. Câmara mortuária e berçário são duas estações que se repetem infinitas vezes na longa caminhada do Espírito em busca da perfeição. Se dermos hoje ao velho uma assistência fraterna e carinhosa, para que ao morrer ele não leve ódio em seu Espírito, estaremos fatalmente preparando o berço para amanhã receber, em forma de criança, um Espírito menos revoltado e mais amoldável à educação. Estaremos preparando a criança de amanhã e, assim, combatendo o mal pela raiz; estaremos educando o Espírito, que é a essência.

Ainda no domingo assistimos a uma festa tocante na Casa Transitória, que é o Departamento de Assistência Social da Federação Espírita do Estado de São Paulo. Alunos da 14ª Turma de Aprendizes do Evangelho lá estiveram para entregar agasalhos e calor humano aos velhinhos assistidos pela casa. E esses mesmos velhinhos de mais de 60 anos, num gesto que prova o milagre do amor, entregaram latas de leite em pó ao setor "Meimei" da Casa, que cuida da assistência à criança pobre. Eles mesmos, os velhinhos, conseguiram arranjar algumas latas de leite com os amigos que os vão visitar periodicamente, e, espontaneamente, nesse dia de festa homenagearam a criança. A criança que amanhã eles serão novamente. Que todos nós seremos de novo, pois a reencarnação é uma lei natural. E a lei natural se exerce mesmo à nossa revelia.

Gonçalves Pereira, diretor da Casa Transitória, explicou, na ocasião, que agora a instituição — a par da assistência à criança e à família — intensificará o trabalho de assistência aos velhos. Fará em maior profundidade a Geriatria espiritual, ajudando o velhinho a se educar para uma nova vida. Dando ao velho, paralelamente ao agasalho, ao teto e à alimentação, noções de Eternidade. Essas noções, que fazem parte da Educação Espírita, funcionarão como uma luz que o velhinho levará consigo na viagem do outro lado da vida. Levará realmente, porque tais noções ficarão impregnadas em seu Espírito, fará parte de seu patrimônio espiritual.

Geriatria espiritual, uma ciência que prepara os jovens de amanhã. Uma ciência que, bem cultivada, dará ao mundo de amanhã menos Espíritos obsessores e mais Espíritos esclarecidos. Que dará ao homem de amanhã menos problemas psíquicos e mais harmonia espiritual. Uma ciência que nos ensinará a olhar o velhinho inválido e de cérebro esclerosado de hoje como um possível filho que amanhã alegrará o berço de nosso lar. Um velhinho que nos merece carinho e atenção para que sinta as vibrações de harmonia e possa amanhã, quando retornar reencarnado, devolver à sociedade as mesmas vibrações que recebeu no fim de sua última existência.

5
TRANSFORMAR O VELÓRIO EM ESCOLA

*A*creditamos que teremos dado um grande passo rumo à libertação espiritual a partir do momento em que, nos velórios e necrotérios, pudermos ouvir preleções evangélicas enfatizando a sobrevivência do Espírito e colocando o fenômeno da morte como um acontecimento natural a toda matéria. Preleções que poderiam ter, como fundo, uma suave música que predispusesse os indivíduos à meditação e à prece.

Essas preleções, ministradas no próprio local onde é velado um corpo sem vida, teriam um efeito educativo de alcance até agora não imaginado pela maioria dos homens; mesmo pelos homens que cuidam de assuntos religiosos. Isso porque, por ser um fenômeno natural, a morte, ou a passagem do Espírito para o plano invisível às pessoas encarnadas, confunde a maioria das pessoas que passam por essa experiência. Uma espécie de sono toma o indivíduo, que, a seguir, desperta senhor da maioria de suas faculdades intelectivas e, portanto, considerando-se "vivo", ainda com o corpo: não somos habituados a pensar, a educar-nos, para viver num estado vibratório diferente, em que o pensamento e nossos próprios atos passados têm importância fundamental.

Temos visto exemplos, em sessões mediúnicas de intercâmbio com o plano espiritual, de Espíritos que ainda se imaginam encarnados, sentem-se como se possuíssem ainda o corpo carnal. E agem em função desse pensamento, como pessoas "vivas", intrometendo-se inconscientemente em assuntos que só interessam aos encarnados, e, em decorrência, influenciando fortemente o psiquismo das pessoas a quem estão ligados. Essa influência pode chegar ao ponto de levar o indivíduo visado ao próprio desequilíbrio mental, pois trata-se de uma ação subliminar de profundas repercussões.

Se nos velórios houvesse preleções que informassem acerca do estado em que fica o homem após a morte, após o desencarne, muitos dos "mortos" que, não temos dúvida, ainda ali permanecem ligados a seus corpos inanimados, poderiam receber esse esclarecimento e ficar com um maior número de dados para analisar a própria situação. Como quando um avião se prepara para aterrissar com o tempo encoberto, sem teto no aeroporto, a torre de controle o guia através de instrumentos. E a aterrissagem se faz sem incidentes, sem muita demora.

Não se trata de uma preleção inócua, pois muita gente poderá argumentar que o "morto" não ouve mais. Ora, se o "morto" está vivo o suficiente para não perceber que já não mais possui o corpo físico, estará evidentemente em condições de ouvir uma preleção de seu próprio interesse. É claro que existem as exceções que confirmam a regra. Além do mais, uma preleção dessa natureza poderá acalmar a angústia dos familiares e amigos do "falecido", e estimular conversação mais edificante nas demais pessoas que, por convencionalismo, participam de um velório. E sabemos que, na maioria das vezes, tal conversação não se mantém num nível dos mais elevados; discute-se de tudo, desde futebol até a vida privada de conhecidos. Uma conversação que forma uma atmosfera mental opressiva sobre o Espírito do desencarnado e também sobre os demais presentes ao velório.

Preleção evangélica em velório ou necrotério, em que a sobrevivência seria sempre ressaltada, acabaria também transformando esses locais em verdadeiras escolas de aprendizado espiritual, onde muitos Espíritos ainda indecisos quanto a seu verdadeiro estado seriam levados a informar-se. Isso porque esses Espíritos, por se julgarem ainda ligados ao corpo, não conseguem ver ou entender os Espíritos mais esclarecidos que querem ensiná-los. Estão ainda bastante materializados para entender fatos em que a matéria grosseira não entra. Estão habituados a utilizar o ouvido para ouvir, os olhos para ver, enfim, os sentidos do corpo físico para se relacionarem com seus semelhantes. Não entendem a linguagem telepática ou a visão espiritual de que, forçosamente, terão de fazer uso no plano onde se encontram. E, por causa disso, não são acessíveis aos ensinamentos que os próprios Espíritos lhes tentam ministrar. Precisam estar em contato com os encarnados, com os "vivos", para ouvir e entender. Infelizmente, a maioria dos desencarnados tem pouca coisa a lhes ensinar: estão sempre preocupados com as coisas materiais, que já não podem interessar ao Espírito.

Dessa forma, um local onde se homenageia o corpo inanimado (que foi templo do Espírito por um determinado período) pode tornar-se bastante favorável para ensinamentos ligados ao fenômeno da morte. Existem, nesse local, condições favoráveis para a percepção desses Espíritos. E tais condições deveriam realmente ser aproveitadas.

Quando o velório ou o necrotério forem transformados em escola de ensinamentos sublimes, voltamos a insistir, a morte será menos negra e os Espíritos serão mais felizes.

6

O EXEMPLO QUE TRANSFORMA

Vivia desalentado. A vida pouca significação tinha para ele. Sua casa era freqüentada por muitos amigos. Amigos ou interessados? Sempre foi a sua dúvida. Se, um dia, perdesse sua posição social, continuaria tendo essa mesma quantidade de amigos? Era uma dúvida angustiante.

Um dia, noitinha já, saiu à rua para espairecer um pouco. Passou na frente de um grande Centro Espírita. As portas estavam abertas. Entrou por curiosidade; num salão amplo, cheio de gente, um homem falava à frente. Falava sobre o amor, a amizade. Falava para a gente olhar em derredor, sair da casa escura do **eu**.

Ouviu, mas não ficou até o fim. Achou que aquilo tudo era conversa. Coisa da boca pra fora. "Ele fala assim, mas, garanto que não faz nada daquilo que fala". E foi embora. Voltou para casa. Voltou para a casca.

Uns trinta ou quarenta dias haviam passado. Novamente, uma angústia muito grande apossa-se dele, à noitinha (era um domingo) ele sai novamente para espairecer. Novamente em frente ao Centro Espírita. Entra. Salão cheio. O mesmo orador falando. Falando de Jesus, contando a história de Madalena, a que foi compreendida pelo Mestre. A mulher que teve outra chance e se regenerou. "Quantas chances devo ter negado" — pensou ele lá no fundo do salão.

"Por exemplo — continuou pensando — quando neguei estudo e encaminhamento a alguma criança abandonada que batia à minha casa, não era uma chance que eu estava negando? Negando, sim, porque recursos sempre tive."

Estava se deixando emocionar por estes pensamentos, quando seu **eu**, a casca envernizada, reagiu. "O que é isso? Você não vê que este orador só fala da boca pra fora? Quer fazer um teste? Fique até o fim da palestra e acompanhe-o pela rua, para analisar seu comportamento."

E ele ficou até o fim da palestra.

Na ruazinha mal iluminada, um homem esfarrapado procura aquecer uma criança — seu filho esfarrapado, tiritante. Não pedia nada a ninguém, o infeliz. Tão necessitado, que já não tinha mais esperanças nem para pedir. Apenas olhava os transeuntes com olhar sofrido e temeroso.

O orador parou. O outro, a distância, ficou olhando meio escondido na soleira da porta de uma casa velha. O orador olhou para todos os lados; não viu ninguém que o estivesse observando. Rapidamente desveste o paletó, arranca seu suéter de lã e rapidamente o veste na criança tiritante. Coloca novamente o paletó e começa a conversar com os dois infelizes seres. O outro, observando de seu esconderijo...

No dia seguinte, e nos outros dias, podia-se ver à noite um homem bem vestido percorrendo as ruas de amargura e pobreza. Levava agasalho e algum alimento para os infelizes. Recolhia muitos deles, encaminhando-os para um abrigo mais seguro.

Transformou-se de observador em trabalhador. De angustiado em cooperador; de enfastiado em irmão. E nunca mais teve desalento, nem dúvidas. Se um dia os amigos convencionais o deixassem, ele teria uma fraternidade muito maior a cercá-lo.

7
DOAÇÃO DE OLHOS

*L*eitor desta coluna nos telefona pedindo para que abordemos a questão da doação de olhos[2] à luz da Doutrina Espírita.

O lema do Espiritismo é: **fora da Caridade não há salvação**. Entendendo-se salvação como elevação espiritual. Ora, a doação de olhos é um ato de caridade, de desprendimento. Quando desencarnamos o nosso corpo se prepara para o sepultamento, não teremos mais necessidade dos olhos carnais. E muita gente estará precisando deles para tornar a enxergar; muita gente que ainda deve viver encarnada na Terra, lutando pelo próprio aprimoramento. É justo que essa gente receba a migalha boa que sobrou de nosso corpo.

É possível que alguém esteja pensando que, se for sepultado sem a córnea, não terá condições de enxergar nada no plano espiritual. É um receio que merece ser respeitado, mas totalmente infundado. O corpo espiritual, ou o perispírito, que acompanha o espírito após o desencarne, tem órgãos próprios. O corpo físico, este sim, é que depende daquele; é uma cópia do corpo espiritual. Logo, se o indivíduo está com os olhos perfeitos ao desencarnar (a ponto de poder oferecer a córnea) é porque seu corpo espiritual está com a visão perfeita. Poderá enxergar perfeitamente bem no além-túmulo, se impedimentos morais não entrarem na questão, é claro.

Vamos explicar o que queremos dizer com os tais impedimentos morais. Por exemplo: uma pessoa que sempre teve seus olhos voltados para o mal, para a maledicência. Só enxergava maldade, defeitos.

[2] Da ocasiaõ deste artigo para os dias de hoje, muitos outros órgãos passaram a ser transplantáveis pelos avanços da tecnologia. (Nota do Revisor)

Ao desencarnar, embora seus olhos físicos possam perfeitamente ser doados, é possível que moralmente (em espírito) tenha poucas condições de manter uma boa visão no plano espiritual. Isto é o que se chama **doença curativa**; provavelmente, o indivíduo reencarnará com terríveis problemas de visão, a fim de valorizar os olhos a serviço do bem.

Entretanto, mesmo neste caso — em que o indivíduo condenou-se a uma visão deficiente numa próxima encarnação — poderá ter aliviada sua prova praticando a caridade. A doação dos olhos valerá muito para amenização de seus sofrimentos futuros. Funcionará como uma espécie de crédito na grande dívida moral adquirida. Assim, se na nova encarnação tivesse de ficar cego nos últimos 20 anos de vida, por exemplo, poderá ter reduzido sensivelmente esse tempo de expiação. É a explicação do ensinamento de Paulo, segundo o qual o amor cobre a multidão de pecados.

Mas, alguém poderá perguntar: e se esse que se candidata a receber o transplante de córnea estiver sofrendo a reação de uma ação danosa em vida anterior, não o estaremos atrapalhando fazendo com que volte a ver?

Esta é a pergunta dos acomodados. Daqueles que dizem: "Fulano está sofrendo porque merece", em vez de pensar: "Fulano está sofrendo; será que está ao meu alcance minorar seu sofrimento?". Será que não aprendemos nada com Jesus? Lembremo-nos da cena da mulher adúltera, quando ele nos disse: "**Aquele que se considerar livre de pecado que atire a primeira pedra**". Ninguém atirou pedra alguma.

Não tenhamos receio de ferir a Lei Divina praticando a caridade. Tenhamos receio, isto sim, de transgredi-la por omissão. Por omissão de caridade. Está ao nosso alcance ajudar alguém? Ajudemo-lo sem perguntas, pois, no fundo, estamos ajudando a nós mesmos, porque todos temos grande quantidade de erros a pagar de nosso Espírito imortal.

Se Deus deu a você uma vista perfeita até o fim da vida física e perto de você há muita gente com deficiência visual, pergunte a você mesmo se mais vale a pena ser útil a alguém do que arvorar-se em juiz de alguém. Pense que, muitas vezes, o Pai colocou em suas mãos a tarefa de minorar o sofrimento do próximo — próximo que muitas vezes você desencaminhou numa outra encarnação, jogando-o no caminho do crime.

Pense que esse mesmo próximo vem hoje dar a você a oportunidade de praticar uma caridade: a caridade de lhe doar os olhos, no momento em que você vai passar a não mais precisar deles.

8
CAIR SEM FICAR NA LAMA

*E*mmanuel, o instrutor espiritual que, através da mediunidade de Francisco Cândido Xavier, tem-nos[3] dado mensagens de profundo significado, ensina que "cair é próprio dos que caminham; refocilar na lama é próprio dos que se animalizam".

Esse ensinamento nos leva a uma série de considerações de ordem prática. Por exemplo: a queda deve ser encarada como lição no nosso caminho evolutivo, desde que não nos habituemos a andar permanentemente no charco em que caímos. Essa não-conformação deve traduzir-se em trabalho, esforço pessoal; nunca em revolta. Se cairmos e nos revoltarmos, estaremos fatalmente "refocilando na lama" e, conseqüentemente, nos animalizando.

Não é vergonha nenhuma a gente cair; vergonhoso é chafurdar na lama. Aquele que permanece sempre parado não cai. Mas, também, não vai para a frente; não aprende nada. Não estamos, com isto, convidando à imprudência, à execução de atos precipitados. O imprudente e o afoito podem, muitas vezes, estar também em busca da lama em que refocilar. Se a vida nos exige esforço e persistência, pede-nos também raciocínio e responsabilidade.

Um amigo meu, vendedor de grande indústria da Capital, há poucos dias relatou-me fato que se passou com ele. Foi chamado por um de seus grandes clientes que, após lhe apresentar uma série de reclamações infundadas, comunicou-lhe que não compraria mais nada

[3] O médium Francisco Cândido Xavier, ou simplesmente Chico Xavier, faleceu (ou desencarnou, segundo o Espiritismo) em 2002. (Nota do Revisor)

de sua firma. É evidente que foi um choque muito grande, principalmente por serem infundadas as críticas.

Essa foi a queda. Não teria ocorrido se esse indivíduo não tivesse trabalhado um grande número de clientes importantes, entre os quais se incluía o que agora se desligava.

Contudo, o vendedor não se revoltou. Não chafurdou na lama. Usando-se expressão vulgar, ele realmente estava "lá embaixo". Mas não ficou remoendo o acontecido. Ou, como muitos dizem, "esperando a volta para dar o troco". Fora, sim, injustiçado. Mas, raciocinava, isto é próprio dos que têm realizações. Ninguém cometerá injustiças contra quem não tem nada a apresentar de serviço. Assim, partiu para a conquista de outro cliente, que preenchesse a falta do desistente. E continuou amigo desse último.

Passados alguns dias, teve a grata surpresa: um telefonema do cliente, chamando-o para uma entrevista. Lá chegando, teve a informação de que houvera um mal-entendido e que os negócios seriam imediatamente reatados.

Isso é próprio de nosso dia-a-dia. Quantas vezes somos malinterpretados e, até, caluniados. Se entrarmos na faixa vibratória dos mal-entendidos, jamais conseguiremos nos explicar. Ou nos entender. É preciso nos mantermos fora; deixar que os maledicentes não nos arrastem aos planos animalizados onde chafurdam. Se nos fizerem cair, não é preciso que comamos o mesmo lodo de que se nutrem. A flor que floresce no charco, alimenta-se também de luz e oxigênio. Ela aspira a planos mais altos.

9

FÓRMULA PARA MELHORAR A SOCIEDADE

A paisagem social da Terra se transformaria imediatamente para melhor se todos nós, quando na condição de Espíritos encarnados, nos tratássemos, dentro de casa, pelo menos com a cortesia que dispensamos aos nossos amigos.

*E*ste é mais um ensinamento do Espírito André Luiz, no livro *Sinal Verde*, psicografado por Francisco Cândido Xavier — um verdadeiro manual de boa conduta espiritual, contendo regras para garantia da saúde interior.

André Luiz nos chama a atenção para um fato comum, de nosso dia-a-dia: em casa, nos entes queridos, normalmente acabamos despejando nossa irritação e nossa má educação. Na rua ou no trabalho, com colegas ou superiores hierárquicos, somos normalmente cordatos; muitas vezes nos esforçamos para não agredi-los, mas a regra geral é que os tratamos com educação. Não gostamos de ser tomados à conta de desequilibrados ou mal-educados pelos nossos colegas ou chefes.

Entretanto, chegando em casa abrimos as comportas. Mostramos nosso desequilíbrio aos familiares. Muitos alegam: "É um desabafo; passo o dia inteiro recalcado, chego em casa e estouro". Como se o "estouro" ajudasse alguém a se reequilibrar... Devemos entender, ao contrário, que, se chegarmos em casa acabrunhados pelos incidentes da vida diária e nos mostrarmos cordatos com nossos familiares, inspiraremos simpatia. Isto é, pela lei de reciprocidade, acabamos recebendo cordura de nossos entes queridos. Cordura que nos acalmará, nos reconfortará.

Ao contrário, se chegarmos em casa agredindo todo mundo, receberemos agressão de volta. Assim, carregados de angústia que estávamos, acumulamos sobre nós mais o peso da angústia e da insegurança que inspiramos em nossos familiares. Pioramos bastante nossa própria situação.

Deveríamos lembrar que está em nossas mãos modificar a paisagem social da Terra. E que essa modificação não exige grandes façanhas ou estranhas divagações filosóficas; basta, apenas, que no lar sejamos tão educados como o somos na rua ou no nosso ambiente de trabalho. Pois um lar equilibrado dará mais equilíbrio a seus membros. Homens equilibrados fatalmente darão uma sociedade mais equilibrada.

Para ajudar a aplicarmos melhor esse ensinamento talvez fosse interessante atentarmos para esta frase, também de André Luiz:

Aprendamos a ouvir sem interromper os que falam à mesa doméstica, a fim de que possamos escutar com segurança as aulas da vida.

Ouvir, mesmo que estejamos a ponto de estourar, pode nos trazer dois benefícios: 1º) a alegria de havermos proporcionado a alguém oportunidade de expor seu problema e, a nós, de ajudar na solução; 2º) de termos aprendido alguma coisa com a lição que o outro relatou.

10
A OBRA ESPÍRITA

*S*e a fé sem obras é morta, como disse o Apóstolo Paulo, a obra sem fé — sem um lastro religioso — dificilmente se sustentará. Toda obra social espírita deve, antes de tudo, ter um Centro Espírita como retaguarda; um Centro que seja o "quartel-general" a fornecer soldados firmes e bem treinados para o bom desenvolvimento do serviço.

Não queremos com isto dizer que a obra social espírita deva ser proselitista, ou fazer discriminação religiosa no atendimento. Justamente por causa desse caráter universalista da obra social espírita é que seus colaboradores devem ter sólida formação doutrinária, devem estar filiados a um Centro onde recebam com clareza ensinamentos cristãos. Pois, como Cristianismo redivivo, o Espiritismo, no tocante à assistência social, procura seguir o ensinamento de Jesus expresso na Parábola do Bom Samaritano: aquele que reergue, balsamiza e apóia, sem se preocupar com a cor da pele do assistido ou com sua religião, nacionalidade ou filosofia política.

Sabe também o espírita que aquele que abraça o Cristianismo deve fazê-lo desprendido de quaisquer interesses subalternos, isto é, não para "aparecer" perante a sociedade como filantropo ou coisa parecida. Deve, apenas, servir. Servir e nada mais. Servir sem nunca esperar ser servido.

Por isso, toda obra necessita da retaguarda de um Centro Espírita. Do contrário, correrá o risco de se transformar numa reunião de pessoas, cada qual interessada em sobressair socialmente mais do que a outra. O Centro, realmente espírita, ensinará e convidará todos a testemunhar aquele sublime ensinamento: "aquele que se exalta será humilhado; aquele que se humilha será exaltado".

A Humanidade, hoje mais do que nunca, está realmente necessitada de retornar a ouvir os singelos ensinamentos do Mestre. As palavras simples, que convidam a profundas meditações e à reforma interior do homem. Esta é a grande tarefa atual da Doutrina Espírita: fazer brotar nos corações os ensinamentos de amor, paciência e fraternidade ensinados por Jesus há quase 2.000 anos. Esclarecimento, eis a palavra de ordem. Esclarecimento a partir dos trabalhadores da obra social, para que estes — evangelizados — possam testemunhar.

Os ensinamentos da Doutrina Espírita, quando assimilados pelo homem, jamais formam somente teóricos. Exigem testemunhação, vivência. Ensinam o homem a fugir das discussões vazias, embora às vezes muito inflamadas. Discussões que caracterizam as mãos vazias e mentes cheias de idéias ocas. Ocas porque não estão recheadas com a vivência.

Todo espírita deve exercitar o aprendizado, na prática do bem. Por isso, é aconselhável que todo Centro Espírita, ou grupo de estudos, tenha uma extensão no campo do trabalho prático. Do contrário, correremos o risco de continuar eternizando a discussão em torno do "sexo dos anjos".

A obra social, contudo, é envolvente. Pode levar o indivíduo a fechar-se em torno somente do chamado "os meus pobres", a "minha tarefa assistencial", etc. Isso é perigoso; é antifraterno. Por isso, necessita sempre o trabalhador da obra social, da vinculação permanente à Doutrina Espírita. Para que essa vinculação o lembre permanentemente de que a caridade não é instrumento que fere ou separa, mas que consola e une.

11
OS LIMITES DA DOR

O limite da dor. Pode alguém fixar limite para a dor? Este é um problema que tem desafiado fisiologistas e neurologistas. Sabe-se, por exemplo, que quando o homem impõe um limite para sua dor, desencadeia um mecanismo de fuga: a alienação mental, suicídio e tantos outros.

Mas, este caso, como dissemos, trata de um limite imposto pelo próprio homem. Será mesmo este o limite máximo? Ou é o limite previamente fixado pelo ser humano, sem levar em conta considerações de ordem espiritual, ou, mesmo, de ordem orgânica; a reação repentina e inesperada de um determinado órgão, por exemplo.

O limite da dor traduzido naquela expressão: “não agüento mais”, é puramente pessoal. O que para uma pessoa é perfeitamente suportável, para outra pode ser desesperadamente insuportável. Por que essa diferença entre as pessoas; essa diferença entre o limite da dor?

Léon Denis, grande filósofo da Doutrina Espírita, em seu precioso livro *O Problema do Ser, do Destino e da Dor*, faz expressivas observações de ordem moral e filosófica, que nos dão a razão da dor. E mais: dá a cada um condições de descobrir, pelo próprio sofrimento, as razões de sua própria dor. Descobrindo-se as razões de nossa dor, poderemos, logicamente, desencadear em nós mecanismos positivos pra enfrentá-la, para superá-la. Em última análise, para aproveitar a dor como elemento de burilamento de nosso ser imortal.

Aquele que só vê na dor motivo de desespero e revolta, não está aproveitando esse poderoso elemento de burilamento da alma. Aliás, é o próprio Léon Denis que compara a dor ao buril do artista que, tomando de pedra bruta e informe, a golpes profundos e certeiros, a vai transformando numa estátua de formas harmoniosas. Normalmente, somos a rocha bruta (o Espírito ainda cheio de impurezas), que precisa do buril do artista-dor para revelar a forma luminosa e plena de harmonia que dormita em nós.

É claro que nem sempre a dor é o buril que fere a pedra bruta. Quando compreendemos a Paternidade Divina e sua Justiça Infinita, começamos a trilhar os caminhos do amor. Esse amor que, com sofrimento muito mais suave, será o buril que nos revelará o ser puro e imortal latente em todos os homens. De qualquer forma a dor está sempre presente: com maior ou menor intensidade. Os momentos de grande alegria, por exemplo, são precedidos de dor ou de angústia. Às dores do parto sucede a alegria de haver-se dado à luz um novo ser vivo. A alegria da criação do artista exige-lhe sacrifícios e renúncias; angústias e incertezas.

A dor é realmente o instrumento que embeleza a criatura. A criatura imortal, espiritual, bem entendido. Pois devemos ter em mente que o homem físico é mortal; seu Espírito não morre nunca. Reencarna muitas vezes, cada vez mais purificado e mais harmonioso, trabalhado pelo excelso buril da dor.

Finalmente, a nenhum ser vivo é dado o direito de se impor o limite da dor. A dor deste segundo — que parece extremamente insuportável — será superada pela dor do segundo seguinte. E quem nos garante que no próximo minuto não descortinaremos um amplo campo de luz e felicidade a que nos conduziram os degraus da dor?

Esta é a finalidade da Doutrina Espírita, que, por Léon Denis, seu filósofo, nos coloca a dor como degraus que nos conduzem ao bem e à felicidade eternos.

12
ASSISTÊNCIA ESTATAL

"Acho que assistência social é tarefa do Estado." Ouço sempre esta afirmação de muita gente a quem somos levados a solicitar donativo para obras filantrópicas de reconhecido valor.

Vamos analisar esse ponto de vista do lado humano. Por exemplo: vamos nos colocar no lugar daquele miserável que, à revelia de seus próprios esforços, é colocado numa situação de penúria; doente, com a família passando fome. Será que ele também é de opinião que assistência social é tarefa do Estado? Ou é de opinião que todo aquele que o ajuda é um assistente social?

Será que o indivíduo que hoje nos diz ser a assistência social tarefa exclusiva do Estado (apenas para não contribuir com um pouquinho de suas sobras), quando, por uma infelicidade que pode acontecer a qualquer um, estiver na miséria e no abandono, continuará achando ser tarefa do Estado a assistência social?

É muito cômodo o ponto de vista estatalista. "Isto não é comigo; pago imposto para que o Estado cuide desse assunto." Isto é, "não quero ver, nem tomar conhecimento, das chagas da sociedade; o Estado que as cubra para não nos fazer mal aos olhos".

Deixar por conta do Estado é abrir mão de um dever que todo cidadão deve respeitar: o amor ao próximo. E quem abre mão desse dever está, fatalmente, se comprometendo com a Lei Divina. Indivíduo compromissado perante a Lei terá de resgatar esse compromisso.

E esse resgate normalmente é doloroso. E quando a dor nos visita — e não temos recursos para aliviá-la — será que nos lembramos de sofismar que a tarefa de aliviar o sofrimento é do Estado ou de particulares?

Assistência social é tarefa de todos nós. De todos os homens. Ricos e pobres. Pois assistência não se faz somente dando dinheiro; assistência social é coisa muito mais ampla. É, principalmente, apoiar o indivíduo moralmente para que se levante e lute por si. Esse apoio, em inúmeras ocasiões, não representa dinheiro ou qualquer bem material; significa apenas compreensão e calor humano.

Dará o Estado o calor humano que todos nós necessitamos?

Que meditem profundamente aqueles que querem transferir para o Estado toda tarefa assistencial. É uma posição invigilante, fora da realidade. Egoísta. De cego; do pior cego — daquele que não quer ver.

Já não somos mais crianças, que tudo pedem e esperam do pai. Devemos nos considerar adultos, bastante crescidos, e nos envergonhar de jogar tudo nas costas do "papai" Estado. Devemos fazer a nossa parte. Prestar assistência é tarefa do cristão.

13
MARIA, MÃE DE JESUS

O mês de maio nos lembra Maria, mãe de Jesus. A mãe símbolo: a mulher que reconheceu a extensão da missão de seu filho e soube compreendê-lo. Soube dele desprender-se em tempo oportuno, não limitando sua divina tarefa junto aos homens.

Jesus, por sua vez, como filho-modelo, sempre votou profundo respeito a sua mãe. A ponto de, do alto da cruz, recomendar a João, o apóstolo, que velasse por Maria durante todo o resto de sua vida. João, por sua vez, como amigo-modelo, atendeu ao pedido do amigo maior, Jesus, e cuidou de Maria até que ela viesse a desencarnar.

Foi na casa em que vivia Maria, nos arredores de Jerusalém, que os apóstolos primeiro se reuniram para estudar a melhor forma de dar andamento aos ensinamentos a eles ministrados por Jesus. Nessa ocasião, Jesus já havia sido crucificado e Maria passara a ser um verdadeiro esteio para os discípulos ainda desorientados com a violência do Calvário.

Estimulados por Maria, alguns dos apóstolos começaram a praticar a caridade na chamada "Casa do Caminho", na estrada que levava de Jerusalém ao porto de Jope. Era uma habitação humilde, em que os apóstolos recebiam os párias sociais — velhos, aleijados, leprosos, crianças abandonadas. E, ali, todos tinham um caldo quente e a palavra iluminada e carinhosa de Pedro, o grande apóstolo.

Maria, também, relatou a Marcos os episódios mais importantes da vida de Jesus. Temos, assim, no Evangelho segundo Marcos, a vida de Jesus segundo sua própria mãe. Marcos fora procurar Maria a pedido de Paulo, o heróico convertido de Damasco. Este sentia toda a autoridade da mãe do Messias para legar à posteridade um relato de sua vida e de seus principais ensinamentos.

Isso nos mostra que, desencarnado seu filho querido, Maria não se entregou ao desânimo. Sabia que Jesus fora crucificado por ter trazido a Verdade aos homens; fora sacrificado pela mentira e pelo embuste. Nem por isso deixou-se abater. Continuou fazendo o bem para glorificar a curta vida de seus filhos, para testemunhar os ensinamentos de Jesus.

Sabe-se que Maria desencarnou em idade avançada. Desencarnou normalmente, como desencarnam todos os mortais: seu corpo foi para a sepultura, porém seu Espírito radioso deve ter se elevado rapidamente às alturas, em busca de seu amado filho. O que diferenciava Maria das outras mulheres — e continua diferenciando — é realmente sua elevação espiritual. Não seu aspecto físico. Era um Espírito de escol encarnado entre nós, para poder receber em seu ventre a encarnação do maior Espírito que já viveu no planeta Terra.

Ainda encontramos cristãos preocupados com a questão da virgindade de Maria. Era ou não era virgem quando deu à luz Jesus? Esta é uma questão secundária, é uma questão exterior sem importância. Importa é saber que tipo de Espírito encarnou no ventre de Maria: um Espírito poderoso. Jesus. Não poderoso pela força, mas poderoso pelo amor que devotava às criaturas. Não pelo amor exterior — da boca para fora — mas pelo amor vivenciado, a ponto de se deixar imolar para não ferir a ninguém, tão grande é seu amor por todos nós.

Allan Kardec, codificador da Doutrina Espírita, interpreta a virgindade de Maria como uma "virgindade espiritual", isto é, um Espírito sem mácula. Um Espírito que já passou por todos os estágios da experiência humana, através das vidas sucessivas, e que, já naquela época, encontrava-se totalmente liberta dos compromissos terrenos. Um Espírito só de luz, sem nenhum ponto escuro. Um Espírito que já no espaço teve conhecimento de sua tarefa e de seu enorme sofrimento quando encarnada na Terra, para servir de primeiro berço ao corpo físico que recebeu a encarnação do Cristo planetário.

14

O NASCIMENTO SEM DOR

*N*a simbologia da Gênese bíblica encontramos a expulsão de Adão e Eva do paraíso, com o Senhor severamente falando à mulher que por muito tempo teria de dar à luz seus filhos em meio a dores. Logo, subentende-se que no "paraíso" de onde foi ela expulsa o parto ocorre sem dor; pois a dor foi conseqüência do castigo imposto.

A Doutrina Espírita nos ensina que na realidade não houve Adão e Eva, mas sim a chamada "raça adâmica", constituída de Espíritos degredados de um planeta que evoluiu moralmente. Logo, esses Espíritos estavam num "paraíso" mas, como ainda teimavam em utilizar a inteligência para a prática do mal, tiveram de ser exilados para um mundo com o qual sua inferioridade se afinizasse. Esse mundo foi a Terra, que naquela ocasião abrigava raças bastante primitivas. Os Espíritos das "raças adâmicas" vieram, dessa forma, dar impulso ao progresso do planeta, contribuindo com sua inteligência para o desenvolvimento da ciência. Mesmo exilados, castigados pela sua própria inferioridade, serviram ao progresso material dos mais atrasados.

Voltando ao problema do parto sem dor, é de se supor, portanto, que nos mundos superiores ao nosso as crianças nascem sem sacrifícios, da parte da mãe e da parte do nascituro. Na medida em que os corpos vão se desmaterializando, a encarnação e o renascimento em novos corpos vai adquirindo mais leveza. Assim, pode-se perceber que a dor é condição de inferioridade do Espírito, assim como o nosso corpo físico grosseiro é sinal de nossa própria inferioridade.

É possível, também, que em mundos moralizados a gestação se faça fora do ventre materno. Temos, assim, o tão falado "bebê de proveta", que não é nenhum libelo contra o espiritualismo e conseqüente vitória do materialismo. Tratar-se-á tão-somente de uma nova forma de encarnação de Espíritos, fora do ventre materno, sem causar as dores normais à gestação. De qualquer forma, trata-se de uma reencarnação, isto é, do retorno do Espírito a um novo corpo de carne.

Se já estivéssemos preparados moralmente para o "bebê de laboratório" é possível até que as experiências que vêm sendo realizadas tivessem dado resultado. Entretanto, essas experiências foram até paralisadas porque, conforme se soube, estavam dando origem a "monstros", isto é, a amontoados de carne sem nenhuma diretriz. Isto porque não estava havendo nenhuma encarnação de Espírito nessas provetas; pois o corpo humano em formação (feto) segue uma diretriz magnética traçada pelo próprio Espírito em seu corpo espiritual, o chamado **perispírito** da Doutrina Espírita. Não existindo essa diretriz, as células multiplicam-se num caos total; não há a inteligência para dirigi-las na formação de órgãos, tecidos e sistema.

15

UMA NECESSIDADE ATUAL

*H*á dias, um amigo relatou-me fato que demonstra a extrema penúria moral em que vive uma parcela de nossa população.

Um grupo de espíritas, que faz um trabalho singelo de melhoria do nível social de uma das favelas da Capital, estava se dedicando, em particular, à assistência a uma família de quatorze filhos, todos "empilhados" num barraco de dois cômodos. Depois de várias visitas, em que problemas superficiais estavam sendo solucionados, um diálogo, mais demorado, com a dona da casa, revelou toda a profundidade do problema real: **a mulher não sabia como eram gerados seus próprios filhos**. Isto é, ficava grávida, dava à luz; ficava novamente grávida, novamente dava à luz, sem ter a mínima noção de como tudo isso se passava.

É possível que você, leitor, esteja duvidando da veracidade deste fato ou esteja achando que a mulher estava apenas tentando enganar o assistente. Quanto à veracidade do fato, não podemos ter dúvida, pois foi-nos relatado com todos os dados, que permitem, inclusive, a localização da assistida. E a mulher não estava enganando o entrevistador, porque este — pessoa afeita a esse tipo de assistência — pôde chegar à veracidade das afirmações, através de perguntas indiretas, que levariam a mulher à contradição se estivesse mentindo. Não houve contradição: a mulher realmente estava sendo sincera; não sabia como eram gerados os filhos.

Narramos esse fato para demonstrar que uma parcela da população — justamente aquela que deveria ser diretamente beneficiada com a moral cristã, revivida pelo Espiritismo — está ainda muito terra-a-terra, muito rastejante. Não tem, ainda, condições psicológicas para pensar abstratamente; precisa ser ajudada para desenvolver pensamentos mais elevados, porém a partir do chão de terra batida onde estão amarrados.

É preciso estabelecer planos terra-a-terra para nos fazer entender por gente extremamente necessitada. É inútil pensarmos em cursos de alto Espiritismo — explicando a doutrina em termos de filosofia e ciência — se ainda os homens não sabem como vêm ao mundo. Se ainda não sabemos como se forma a vida orgânica, o corpo humano. **Como infundirmos respeito à vida se não ensinamos o que é vida?**

Altos estudos espíritas são uma idéia nobre que um dia poderemos concretizar, sem dúvida. Entretanto, hoje, temos que nos dedicar a explicar o ABC da vida — no campo moral e orgânico. Aqueles que já têm raciocínio desenvolvido e pretendem aprofundar-se em altos estudos, podem fazê-lo, por conta própria, buscando nas centenas de livros doutrinários de fácil aquisição. Contudo, não se esqueçam estes, também, de que Espiritismo é Cristianismo redivivo.

Não basta, por isso, nos enriquecermos em altos conhecimentos; temos de validar a nossa cultura enriquecendo os mais pobres; do contrário, até aquilo que pensamos ter (a cultura egoísta) nos será também tirado.

16

EM FACE DO DIVÓRCIO

O divórcio volta à discussão em nosso País. Novamente os prós e os contras se alinham e se confrontam. Prevê-se um combate bastante acirrado, mais uma vez.

Qual a opinião do Espiritismo com respeito a esse assunto? É a favor ou contra o divórcio?

O Espiritismo é a favor da fraternidade, do amor. É contra o farisaísmo, como o próprio Jesus o foi. A Doutrina Espírita é interior, é vivência cristã; não é pela prática exterior, pelo formalismo estereotipado, que normalmente se fundamenta no caráter irresponsável dos homens.

Logo, sendo uma doutrina que mostra ao homem sua responsabilidade perante o próximo, não pode o Espiritismo ser favorável ao casamento de fachada, que leva, fatalmente, à separação legal ou ilegal. Entendamos bem, o erro está na irresponsabilidade e não no casamento. Entretanto, como certos casais já não se suportam mais, pois, cometida a irresponsabilidade de um casamento irrefletido, começam até a se odiar, é melhor lhes dar condições de separação legalmente. Melhor a separação do que a continuidade dos erros.

Em nosso planeta, a grande maioria dos casamentos são expiações impostas aos cônjuges. Não há, portanto, casamento integralmente feliz. São expiatórios porque um dos cônjuges — ou os dois — muito feriu o outro numa encarnação anterior. Como a Lei Divina é de pleno equilíbrio, o credor volta na condição de cobrador. E, por mais que o devedor vá protelando o pagamento da dívida, esta vai se acrescendo dos juros de mora; fica mais difícil seu pagamento.

Assim, quase sempre um dos cônjuges foi vítima; o outro foi algoz. Ou os dois foram contendores irreconciliáveis e muito se prejudicaram numa vida anterior; precisam, dessa forma, retornar a uma nova vida, para juntos, se reequilibrarem. Pois é da Lei que desequilíbrios cometidos a dois ou a centenas, devem ser reajustados a dois ou a centenas. Os mesmos personagens do passado devem passar por situações idênticas, hoje, a fim de aproveitarem a oportunidade de reconstruir o que foi destruído.

Logo, se o Espiritismo não é contra o divórcio, por julgá-lo uma necessidade devido à dureza dos corações humanos, não é favorável à vida fácil em que os cônjuges podem trocar irresponsavelmente de par sem a menor reflexão. A Doutrina Espírita nos alerta, ademais, que sempre que somos colocados ao lado de outra pessoa, seja qual for nossa forma de relacionamento (mãe, pai, filho, marido, mulher, etc.), é porque temos alguma coisa a ajustar ou a sofrer junto com essa mesma pessoa. Ou é o pai obrigado a dar carinho ao filho que desviou no passado; ou o marido colocado diante de uma mulher que já não lhe inspira amor, justamente porque no passado ele lhe conspurcou o amor.

Assim, mesmo com o divórcio, toda a separação conjugal exige muita meditação e ponderação para ser efetivada. É possível que, separando-se, um casal esteja protelando o pagamento de uma dívida. Convém, portanto, que ambos meditem muito, e aquele que se sentir o maior devedor, que ceda um pouco mais em favor do credor. Para que os juros da Lei não sejam acrescentados à velha dívida.

17
DIVERTIR E DESCANSAR

O homem pode canalizar suas energias para direções diversas. A energia, como o dinheiro, é neutra: pode ser utilizada para o bem, para o mal ou para a inércia. Para a inércia, sim, pois que é preciso gastar muita força, muita energia, para não se sair do lugar, para não se fazer nada. Não é mentira quando ouvimos a frase: "estou bastante cansado", emitida por uma pessoa reconhecidamente preguiçosa; ela sofre um desgaste muito grande lutando contra o movimento do Universo.

Mas, voltando à direção que podemos dar às nossas forças, à nossa vitalidade podemos tecer algumas considerações sobre o problema do divertimento. O Carnaval, por exemplo. Muita gente diz pular no Carnaval para desanuviar a mente, para desrecalcar sentimentos reprimidos. É possível que isso realmente ocorra.

Entretanto, perguntamos, essas pessoas já tentaram "desencucar" por outras formas? Já pensaram em ter um derivativo o ano todo, em vez de reservar todos os recalques para serem trazidos à tona durante os quatro dias de Carnaval? Não queremos, é claro, que todos se santifiquem, mas que, pelo menos, façam menos erros contra si mesmos.

O divertimento é uma necessidade do corpo e do espírito. Porém, divertimento desregrado — como tudo que é indisciplinado — causa muito mais dano do que benefício. Acrescente-se a isso ainda o fato de, muitas vezes, a necessidade que a pessoa acha de ter de se divertir "a valer", nada mais é do que a extrema necessidade que todo ser humano possui de canalizar sua vitalidade quando esta não está sendo utilizada.

Assim, o indivíduo diz: "No Carnaval eu jogo fora todas as minhas frustrações do ano". Esquece-se, entretanto, de que essas "frustrações" são energias acumuladas e para as quais ele não deu uma saída conveniente. Ficaram, então, como num curto circuito, emperrando até a livre manifestação da mente do indivíduo.

Pode a pessoa retrucar: "Não tenho energia nenhuma acumulada, pois trabalho duro o ano inteiro; o Carnaval é apenas uma pausa para eu readquirir novas forças". Erro crasso. Mesmo que a gente trabalhe duro o dia inteiro, se nos sentirmos cansados é porque alguma coisa está errada: nosso trabalho não nos está agradando, estamos deixando de fazer outras coisas, etc. O cansaço é uma anormalidade do trabalho. Uma anormalidade quando chegamos ao ponto de ter necessidade de quatro dias de folia para "descansar".

Pode o homem acreditar que enquanto não destinar parte do seu tempo (mesmo do tempo dedicado ao lazer) a fazer alguma coisa pelo seu semelhante, sempre estará às voltas com o cansaço. Mas esse cansaço não é físico; é o acúmulo de energias que deveriam ser doadas e não o foram. E esta energia nem o Carnaval a retira; pode, temporariamente, encobri-la.

18
O SUICÍDIO

A Doutrina Espírita nos ensina que, na morte, morre primeiro o corpo físico; morto este, o Espírito se desliga. O corpo humano, como qualquer corpo orgânico, é dotado de vitalidade; é impregnado, pode-se assim dizer, do chamado fluido vital que lhe dá a vida orgânica.

Quando se inicia a fecundação do óvulo, o corpo que ali começa a se formar (e ao qual já está ligado o Espírito reencarnante) recebe uma determinada quantidade de fluido vital, suficiente para que o indivíduo viva em sua nova existência carnal o tempo necessário para que o Espírito expie erros passados e se aprimore evoluindo.

Enquanto o corpo tiver vitalidade, o Espírito (que é a sede da inteligência e das percepções) estará a ele ligado. Quando o corpo perde toda a vitalidade — pelo envelhecimento ou pela doença — o Espírito não mais tem condições de continuar encarnado. Isto é, a vitalidade é uma espécie de ímã que atrai o Espírito para o respectivo corpo carnal.

Logo, pode-se perceber o grande sofrimento do Espírito de um suicida, principalmente daquele que põe fim à vida física em plena juventude, em plena vitalidade. O corpo ao qual deu um fim deliberado está ainda impregnado de fluido vital; logo, o Espírito, como que imantado por esse fluido, permanece ligado aos despojos muitas vezes por anos seguidos. Assim, pensando em libertar-se daquilo que julgava um fardo superior às suas forças, o suicida fica preso a um fardo muitas vezes maior: o da frustração de não ter encontrado o fim almejado e do sofrimento inominável de sentir-se vivo ligado a um corpo morto.

Pode seu Espírito permanecer ligado aos despojos putrefatos

até a extinção total do fluido vital, principalmente se entre seus amigos e familiares ninguém orar por ele pedindo a intercessão dos Espíritos amigos. Pode acontecer, também, que o suicida tenha amigos ou parentes já desencarnados, os quais dependendo de seus méritos, possam vir em socorro do desventurado.

É claro que não existe uma forma rígida através da qual invariavelmente, o suicida sofrerá as conseqüências de seu gesto. Temos de considerar os valores individuais, que variam de pessoa para pessoa, e que em última análise determinarão a duração e a profundidade do sofrimento. Entretanto, todos sofrerão as conseqüências de seu gesto, tanto o materialista como o espiritualista.

O materialista, que julga tudo acabar com o corpo físico, ficará atônito por sentir-se vivo mesmo depois do suicídio. E sentindo-se vivo mas não acreditando na sobrevivência do Espírito, julgar-se-á ainda de posse do corpo físico; contudo, perceberá que seu corpo não mais existe e, para desespero seu, não consegue mais comunicar-se com ninguém apesar de ver todos. O espiritualista, por sua vez, sentirá um remorso tremendo e chorará amargamente diante da inutilidade do gesto suicida para libertação dos próprios sofrimentos.

19
EDUCAR OS VIVOS

*H*á muita gente preocupada com a modificação dos Espíritos chamados obsessores, isto é, Espíritos ignorantes ainda voltados para a prática do mal. Por causa disso acaba dando um valor exagerado às chamadas "sessões de desobsessão", fechadas, em que se procura evangelizar, pela doutrinação oral, o Espírito ainda endurecido e distanciado do amor.

Contudo, não nos devemos esquecer de que os Espíritos obsessores alimentam-se de nossa atmosfera psíquica. Os homens, como Espíritos encarnados, é que lhes fornecem o caldo de cultura. Logo, é preciso dar-se atenção especial ao trabalho de esclarecimento e evangelização dos encarnados, dos homens que buscam o Centro Espírita.

Não é o simples fato de colocarmos o nome do encarnado num grupo de desobsessão que vai transformá-lo num indivíduo sadio espiritualmente. Se de fato existir em torno dele um Espírito ignorante, este poderá ser esclarecido, mas, se o encarnado foi alvo de manifestação da ignorância alheia é porque, em si mesmo, possui os germes do atraso espiritual que atraiu a atenção do ignorante. Assim, o trabalho mais importante se nos afigura atuar sobre o encarnado, fornecendo-lhe os instrumentos necessários para a elevação espiritual e conseqüente mudança de faixa vibratória.

Mudando de faixa vibratória, isto é, modificando seu procedimento, reformando-se, o indivíduo será menos acessível ao assédio dos Espíritos desencarnados ignorantes. E será um indivíduo realmente curado, pois seu íntimo estará curado e não mais servirá de alimento para quem gosta de coisas apodrecidas. A podridão de nossos vícios e defeitos.

Tomemos um exemplo. O alcoolismo. Suponhamos que o indivíduo seja alcoólatra pressionado por uma falange de obsessores. Esses obsessores, levados para um trabalho de assistência espiritual, concordam em afastar-se. Mas o indivíduo continua viciado, pois nenhum Espírito — mesmo o mais endurecido perseguidor — consegue interferir em nosso livre-arbítrio: no fundo, o alcoólatra tinha propensão para o vício. Essa propensão, como uma fresta, deu entrada à atuação dos obsessores. Estes, senhores da praça, declararam a guerra. E vão, aos poucos, levando o indivíduo a beber cada vez mais.

Bem, voltemos ao tratamento espiritual. Afastados os obsessores, se o viciado — agora com a trégua permitida pelo afastamento dos perseguidores — não se conscientizar de que deve realmente se afastar da bebida, logo estará novamente caído. Se não pela ação dos mesmos inimigos, mas pelas mãos de outros viciados desencarnados. Isto é, o viciado continuou com a janela aberta, continuou fornecendo a mesa para o banquete. E pela qualidade da mesa pode-se avaliar o tipo de comensal que iremos receber. A mesa do banquete de um viciado não pode atrair Espíritos sóbrios e equilibrados.

Assim, a tarefa fundamental do Espiritismo é o da educação moral do homem, da redenção do homem. Seja ele encarnado ou desencarnado. Não é questão de discutirmos se é "espiritismo de vivos" ou "espiritismo de mortos". É espiritismo, simplesmente. Doutrina de redenção de Espíritos. Quer estejam encarnados, quer estejam errantes no plano espiritual.

Logo, o Centro Espírita deve ter uma atuação coordenada. Preocupar-se com a educação. Educação moral, que leva ao fortalecimento do indivíduo. E se nos preocuparmos tão-somente com os encarnados, por tabela estaremos também educando os Espíritos desencarnados, pois estes, alimentando-se na atmosfera dos encarnados, começarão a receber um novo tipo de alimento e serão forçados a se modificar também ou a afastar-se.

20
A LEI DO USO

O desperdício, o abuso, é contrário à lei natural, à Lei Divina. É Jesus que nos ensina isso, segundo o evangelista João, no episódio chamado de "a primeira multiplicação dos pães". Saciada toda a multidão, Jesus recomenda a seus discípulos: "recolhei os pedaços que sobraram, para que nada se perca".

Com um pequeno exercício mental poderemos montar o quadro da multidão faminta comendo pão e peixe. Homens, mulheres e crianças sentados no chão ou sobre pedras, saciando a fome. E, saciada a fome, devido à fartura do alimento que lhes era dado, cada um foi se levantando deixando pedaços de pão e postas de peixe espalhados pelo chão. Podemos até imaginar que, aos primeiros bocados, ninguém escolhia entre este ou aquele pãozinho. Mas, aos poucos, com a fome diminuindo, foram dando preferência a este pãozinho mais cozido em detrimento daquele outro menos assado.

Podemos, agora, ainda dentro do exercício mental, ver o local deserto, porém coalhado de pedaços de pão e postas de peixe. O povo foi embora saciado: amanhã terá fome novamente e dará tudo para ter à mão os pedaços que abandonou no campo quando se sentiu de estômago cheio. Acontece que amanhã aqueles pedaços se terão deteriorado ou terão sido devorados pelos animais. E o povo voltará a ter fome; e voltará a se desesperar.

Jesus, contudo, observando tudo de um lugar mais elevado e prevendo que amanhã o povo terá fome novamente, recomenda sabiamente: "recolhei os pedaços que sobraram para que nada se perca". Dá-nos, assim, a sublime lição do uso contra o abuso, contra o desperdício. Não recomendou à multidão que limitasse a quantidade de alimentos; deixou que todos comessem à vontade, que todos se saciassem. Mas, não permitiu que nada se perdesse, pois sabia Ele que o alimento que desperdiçamos hoje fatalmente nos fará falta amanhã. Amanhã, famintos de novo, voltaremos ao campo do desperdício e não mais encontraremos os restos que a nossa invigilância lá deixou.

Esta lição pode ser aplicada a todas as coisas da vida, não apenas ao alimento. Tudo o que usamos, deve e pode ser usado. Não abusado. Assim, a riqueza, o sexo, a amizade, a saúde, a família, o trabalhador, o lazer, a palavra. Tudo está sujeito à lei do Uso. E toda transgressão a essa lei, pelo abuso, é punida pela própria Lei: amanhã seremos privados temporariamente de usar aquilo de que abusamos.

21
INFLUÊNCIA DOS ASTROS

*O*s astros podem influenciar nossas vidas, a ponto de nos impor situações fatais?

Esta é uma pergunta que já me fizeram muitas vezes, querendo saber a posição da Doutrina Espírita com respeito à astrologia, horóscopos, etc.

Achamos necessário responder por partes. Primeiro, sabe-se muito bem que os astros influenciam-se uns aos outros pelo magnetismo. A Terra influencia a Lua e esta, por sua vez, influencia a Terra, como, por exemplo, no movimento das marés. Logo, se nosso planeta sofre a influência de outros astros, nós, como seus habitantes, sofremos essa influência.

Explicando melhor: se deixarmos a janela do quarto aberta durante um temporal, a chuva nos atingirá dentro de casa. Quer dizer: um fenômeno atmosférico influiu negativamente (neste caso) sobre nós. Entretanto, essa influência foi efeito e não causa; foi o efeito de termos deixado a janela aberta. Do contrário, se tivéssemos cuidado de fechar a janela, a chuva teria acontecido da mesma forma mas não teria inundado o quarto.

Logo, os astros e os fenômenos climáticos, de uma forma geral, influem sobre nós, pois influindo sobre nossa casa (a Terra, neste caso) de alguma forma nos atingem. A forma (boa ou má) de como essa influência pode incidir sobre nós depende exclusivamente de nós. Isto é, temos livre-arbítrio de escolher o bem ou o mal. Não há nenhum astro, por mais forte que seja,capaz de nos tolher a liberdade individual.

O homem é o construtor de seu próprio futuro. O clima, ou a influência dos astros no planeta em que habita, são ocorrências que aguçam a inteligência do ser humano e não a aprisionam fazendo do homem um ser puramente passivo. O ser humano, com a evolução individual, chegará um dia a dominar todos os elementos. Isto é, somos destinados a influenciar, a agir, e não a ser influenciados passivamente como se estivéssemos manietados e amordaçados.

Quando falamos em ser humano, referimo-nos ao ser imortal, ao Espírito. Não nos referimos ao corpo transitório que, pela morte, liberta o indivíduo para novas empreitadas visando a perfeição. Empreitadas estas representadas por sucessivas reencarnações, neste ou em outro planeta do Universo.

Admitirmos que um astro pode influir sobre nossa vontade é puro fatalismo, acomodação. Poderá então o criminoso dizer: "sou infeliz porque nasci sob influência deste ou daquele astro". E pronto; está escrito, não adianta esforçar-se por melhorar. O indivíduo acomoda-se porque responsabiliza os astros por tudo o que lhe acontece. Quando o oposto é verdadeiro: somos os condutores de nossas vidas, e se a influência dos astros sobre a Terra nos atingir negativamente, temos inteligência e vontade suficientes para vencermos essa influência e transformarmos o mal em bem.

Entretanto, muitos poderão dizer que o homem não conseguirá safar-se dos fenômenos que abalarão a Terra dentro em breve, até o planeta ingressar na faixa dos mundos regenerados, no chamado Terceiro Milênio. Podemos responder que nem neste fenômeno, inscrito na ordem geral de evolução do Universo, o nosso livre-arbítrio foi desrespeitado: tivemos muitas oportunidades de nos regenerarmos, desde a vinda de Jesus entre nós, há dois mil anos. Se usamos nossa vontade para o mal em sentido oposto aos ensinamentos evangélicos — o fizemos utilizando nosso livre-arbítrio; logo construímos o nosso destino. Se as alterações geológicas do Terceiro Milênio nos atingirem causando-nos aflição, é porque livremente escolhemos esse caminho.

22
CENTROS DE FACHADAS

"*V*ocê pode me indicar um bom Centro Espírita?"

É uma pergunta que se ouve com freqüência, denotando preocupações da pessoa em encontrar um lugar onde possa realmente achar resposta para suas indagações e lenitivo para suas aflições.

A avaliação das características de um Centro Espírita foge inteiramente dos padrões utilizados normalmente para avaliação das qualidades de objetos ou construções. Note-se que já aqui deixamos de empregar a palavra "bom"; se realmente for Centro Espírita, dispensa qualquer classificação. O Espiritismo é um movimento de união de todas as pessoas que desejem trabalhar em prol de seu semelhante e, portanto, todo Centro realmente espírita só deve ter um objetivo: servir esclarecendo. Portanto, ou é Centro Espírita, ou não é, e está usando indevidamente esse nome.

Como, então, descobrir se realmente o Centro é espírita, ou se somente tem o título e nada mais? Pois, é também preciso saber que sendo o Espiritismo uma doutrina de livre-arbítrio, não possui uma autoridade central estabelecendo normas para os profitentes ou para os Centros; a consciência de cada um é a maior autoridade na direção de uma entidade espírita. Não havendo uma autoridade central, pode o indivíduo de pouco esclarecimento doutrinário e, muitas vezes, escassamente evangelizado, fundar uma sociedade e colocar em sua fachada o nome de Centro Espírita. Os chamados órgãos de cúpula do Espiritismo não têm poder para obrigá-lo a fechar o referido "Centro"; o trabalho desses órgãos — como o da Doutrina — é o de esclarecer as pessoas e dirigentes acerca das verdadeiras finalidades do Espiritismo.

Aquele, portanto, que procurar um Centro Espírita somente pelo nome na fachada, poderá enganar-se. O que realmente caracteriza o Centro Espírita são os seguintes elementos: a) preocupação em difundir o Evangelho explicado à luz do Espiritismo; b) preocupação em esclarecer os freqüentadores acerca do trabalho que cabe a cada um fazer em benefício próprio; c) preocupação em esclarecer aos freqüentadores que os Espíritos não fazem a nossa parte na luta diária; eles nos dão forças para superarmos os obstáculos, mas os passos devem ser dados por nós; d) aquele que, a par das características já citadas, não exibe imagens ou velas; e) aquele que não pratica nenhum ritual e nem seus trabalhadores usam nenhum tipo de vestimenta especial; f) aquele que não faz em público as chamadas "sessões de desobsessão", pois estas são verdadeiras sessões de psicanálise em que Espíritos desencarnados, sofredores, vêm expor seus sofrimentos e receber apoio moral visando ao próprio reerguimento; quando feitas em público, seria o mesmo que um médico obrigar o paciente a se despir na sala de espera do consultório, na frente de várias pessoas; g) aquele que segue estritamente o lema: "Fora da caridade não há salvação".

Afora essas características, não encontramos outros elementos de avaliação. Tamanho do prédio, localização, pobreza ou riqueza das instalações em nada influem na condução do Centro dentro das normas da Doutrina Espírita. Encontramos muitos Centros Espíritas funcionando em instalações humildes, mas irradiando a luz da fraternidade, enquanto temos visto belos prédios onde só a fachada diz ser um Centro Espírita; suas realizações não o qualificam como um núcleo que deve realmente estar voltado para a divulgação e a prática das verdades evangélicas.

Não deve, portanto, o indivíduo que procura o Espiritismo impressionar-se com os aspectos exteriores que encontra num Centro Espírita. Deve, isto sim, atentar para o que lhe ensinam e como se comportam os homens encarregados de dirigir o Centro. Porque o indivíduo realmente espírita, e principalmente aquele que se propõe a dirigir uma obra espírita, deve conhecer o ensinamento evangélico que diz: "construa primeiro o reino de Deus em ti próprio, que o resto virá como acréscimo da misericórdia divina". O problema é exemplificar o ensinamento e não apenas se limitar a ensinar: "faça o que eu digo e não faça o que eu faço".

O Centro Espírita é um núcleo de aprendizado moral e de reequilíbrio psíquico. E tanto o aprendizado como o reequilíbrio são obras de cada um de nós. Os Espíritos nos ajudam nos propósitos de aprender e nos reequilibrarmos. O Centro Espírita não faz o trabalho que nos compete fazer; fornece-nos os instrumentos com os quais devemos trabalhar.

23
AUTORES ESPIRITUAIS

*P*essoas cultas e conhecedoras dos grandes autores da Literatura Universal estranham que grandes escritores, quando ditam mensagens ou obras através de psicografia, passam a ocupar-se de "assuntos banais", de pouca ou nenhuma criatividade. Já não são os mesmos homens, de estilo forte, embora assinem com os mesmos nomes suas obras recebidas por médiuns psicógrafos.

Há, aqui, grosso modo, duas questões a considerar. Na primeira, o problema de mistificação: ninguém impede que qualquer Espírito utilize, por exemplo, o nome de Vítor Hugo. Logo, tudo o que esse Espírito ditar não será nada de Vítor Hugo, embora, muitas vezes, habilmente, ele possa até plagiar o estilo. Entretanto, levando-se em conta que o que importa é a essência da obra literária e não a forma, um leitor com Espírito crítico perceberá logo que se trata de um embusteiro. Como existem embusteiros e plagiadores às centenas entre os homens encarnados. Muito provavelmente sejam esses mesmos inescrupulosos que, passando para o Plano Espiritual, continuam sua tarefa pouco meritória.

Nenhum médium está livre dos Espíritos mistificadores. O homem, por muito evangelizado que seja, pode em algum momento esquecer a vigilância sobre si mesmo e entrar em contato com Espíritos pouco esclarecidos. O médium é um homem comum com faculdades paranormais, e, portanto, pode apresentar qualquer um dos defeitos do comum dos homens. Importa, portanto, que tudo o que se recebe via mediúnica seja analisado, seja submetido ao crivo da razão. Mais uma vez não será demais repetir a afirmação de Allan Kardec, codificador da Doutrina Espírita: "é preferível rejeitar 99 verdades a aceitar uma mentira".

A segunda questão refere-se a um problema de conceituação, de colocação do indivíduo. Isto quer dizer: o escritor de talento, quando encarnado, vê as coisas sob o ponto de vista material, ou, se não totalmente material, mas bastante condicionado pelos preconceitos ligados à matéria. Muitos estão à cata de maior número de leitores, e, hábeis comunicadores que são, acabam descobrindo o que o leitor quer e só "fabricam" obras do gosto de seu público. Quando o escritor vai para o Plano Espiritual, passa a ter uma visão bem mais ampla das coisas. Isto, é evidente, não é regra geral: existem escritores que chegam ao Plano Espiritual em situação tão calamitosa que não têm condições nem de enxergar a sua própria posição. Tudo depende, portanto, do comportamento do indivíduo. Se durante sua vida se dedicou à busca da Verdade, a própria Verdade lhe dilatará as percepções no além-túmulo; se esteve preocupado apenas em apresentar a seus leitores conceitos grosseiros ligados às sensações materiais, a própria materialidade de suas preocupações obscurecerá sua visão do Espírito.

Para o escritor honesto, preocupado com a Verdade, a passagem para o Plano Espiritual lhe facultará condições de aprofundar-se na busca. E essa busca, quando empreendida com pureza de coração e espírito limpo de preconceitos, desembocará no rio que carrega os ensinamentos evangélicos. E se tiver coragem e forças de prosseguir na busca, seguindo o rio no sentido contrário ao da corrente, encontrará Jesus como a única fonte. Diante de uma situação destas, de uma descoberta tão importante como esta, resta ao Espírito do homem de letras duas saídas: calar-se, para não desfazer a imagem que de si criou entre seus leitores terrenos, ou voltar aos encarnados e ter a coragem de confessar o erro de muitas de suas afirmações de escritor de renome. E começar a produção de novas obras que possam compensar o mal provocado pelos seus escritos anteriores, advertindo os leitores do perigo das meias-verdades.

Se o escritor desencarnado adota a segunda alternativa, de

reformular sua posição, é evidente que desiludirá muitos de seus leitores, pois estes ainda esperam dele obras que satisfaçam a expectativa, que satisfaçam aquilo que se espera do autor preferido. É que os leitores continuam condicionados aos acontecimentos da esfera física, às meias-verdades, e não querem ter o trabalho de analisar o porquê dessa nova posição do escritor. Simplesmente o abandonam, acham que não é o mesmo, ou, se acreditam que seja, acabam achando que entrou no caminho da "pieguice religiosa". Uma posição bastante radical e irracional, a destes leitores. Consideram o escritor um escravo que deve servi-los sempre daquilo que estão esperando e não admitem uma mudança de conceitos. Ocorre, contudo, que o escritor honesto é realmente um escravo de seus leitores: quer servi-los de alguma coisa que possa edificá-los. E, ciente das verdades espirituais, volta ele, como escravo, a oferecer a seus leitores aquilo que de melhor encontrou. E acaba sentindo a desilusão de se ver repudiado pelo público que o adorava, simplesmente porque esse público quer continuar a receber alimentação mais grosseira.

Não é que o escritor tenha enveredado pelo caminho da pieguice. Trata-se simplesmente de uma questão de honestidade: no Plano Espiritual, diante de verdades incontestáveis, volta ele ao seu público. Ocorre que sempre as grandes verdades são muito simples e os leitores, viciados em teorias complicadas, consideram piegas tudo aquilo que traz a marca da simplicidade.

24
PROBLEMAS DE UM ROSTO NOVO

*M*uita gente gostaria de saber como ficamos após a morte; isto é, qual a sensação ou a emoção do Espírito quando desencarna. Há uma história que pode ser adaptada para este caso, permitindo-nos uma pálida visão do fenômeno da morte:

Um homem foi internado num hospital a pretexto de tratamento. Entretanto, cientistas sem escrúpulos transformaram-no em cobaia de uma impressionante experimentação. Enquanto estava sob efeito da anestesia, fizeram-lhe uma operação plástica que alterou profundamente as linhas de seu rosto. E, interferindo em suas cordas vocais, alteraram-lhe também a tonalidade da voz. Com isso, o paciente foi transformado em outro indivíduo: rosto e voz totalmente diferentes de quando deu entrada no hospital.

Quando se viu diante de um espelho, o paciente teve dúvidas de sua própria integridade, pois não conseguia reconhecer-se, embora soubesse ser ele mesmo. E, à medida em que crescia a convicção de que continuava existindo mas que a si próprio não se reconhecia, o desespero se ia instalando em sua mente. Resolve, então, sair à rua, encontrar amigos, visitar seu lar. Terrível experiência: cruzando com velhos amigos, estes não o reconheciam e até o agrediam se insistia na velha amizade; quando chega ao lar, é enxotado pelos familiares, que o tomam por embusteiro que quer fazer-se passar pelo membro da família que havia sido internado no hospital.

Tornou-se um homem estranho em seu próprio meio, dentro de sua própria família. Não tomara consciência de que seu rosto e sua voz foram modificados por uma intervenção cirúrgica, e portanto, era incapaz de compreender seu novo estado. Ficou simplesmente tomado de pânico. Não fora preparado para adaptar-se ao novo rosto e à nova voz, e no íntimo chegava até a duvidar de que tudo aquilo fosse real. Parecia um pesadelo, uma ficção.

Embora ficção, esta história apresenta uma impressionante semelhança com a realidade de além-túmulo. Quando morremos, isto é, desencarnamos, se não estivermos preparados para tal acontecimento, vamos nos surpreender da mesma forma que o paciente a que nos referimos. Isto porque a morte não é nenhum fato extraordinário que nos altere profundamente a constituição psíquica ou nos aniquile para sempre; é, simplesmente, um fato normal na vida. E, por ser normal, nos surpreende.

Quando o indivíduo desencarna, passa por uma fase semelhante ao estado de anestesiamento do paciente internado no hospital. Quando volta a si, já desprendido do corpo não percebe que passou para um outro estado vibratório, que não possui mais o organismo físico. E surpreende-se falando com amigos e familiares e neles esbarrando, sem que estes lhe dêem a mínima atenção. Pior ainda: dependendo de seu comportamento quando encarnado, poderá até ouvir referências pouco elogiosas à sua pessoa, sem que seus protestos sejam percebidos. E como se debatem certos indivíduos desencarnados para se fazerem compreender pelos encarnados! Tudo em vão: é um estranho em seu próprio meio. Com a agravante de que não consegue perceber que não é visto por seus amigos. Não lhe passa pela cabeça o porquê de toda essa indiferença, se ele vê a todos e a todos reconhece.

O desespero começa a instalar-se em seu ser. Se foi um indivíduo materialista ou negativista, que sempre apregoou a primazia da matéria ou o reino do nada após a morte, sentir-se-á mais confuso ainda. Já que, para ele, só existe o que é visível, o simples fato de continuar existindo o faz acreditar-se visível, encarnado. Não quer nem meditar sobre o fenômeno da morte, pois não pregoou sempre que após a morte haveria o nada, o vazio absoluto?

Estas considerações nos levam necessariamente ao assunto referente à preparação para a morte. Como o médico consciencioso que expõe ao paciente, com antecedência, todas as prováveis conseqüências de uma intervenção cirúrgica mais séria: uma exposição visando preparar o Espírito do paciente a aceitar uma situação nova. No caso da morte, a preparação deve ser feita mediante o estudo do fenômeno humano, o interesse pelas coisas espirituais. Pois se nos familiarizarmos com a idéia de uma vida contínua, em que a morte representa apenas a passagem para outro estado vibratório, teremos excelentes condições de mais rapidamente nos adaptarmos à situação de além-túmulo.

Não nos devemos esquecer, contudo, de que só o conhecimento e o interesse pelas coisas espirituais não representam passe livre para o outro lado da vida. Eles nos dão o conhecimento da nova situação mas não abrem as portas da harmonia interior. Estas portas somente são abertas pelo trabalho construtivo, pela exemplificação, pelo desprendimento em favor do próximo. Pois, na vida espiritual, as simpatias que conquistamos na Terra, trabalhando em favor dos outros, representam luz no nosso caminho. Daí a necessidade da exemplificação, pois é fácil concluir que se soubermos estar diante de um novo caminho (pelo estudo das coisas espirituais) não nos será muito agradável permanecer parados só porque não trouxemos a luz que iluminaria nossos passos na nova estrada.

25
OBRAS SOCIAIS E DOUTRINA

É possível que o observador pouco afeito ao estudo doutrinário seja tomado por uma dúvida: se Espiritismo é, essencialmente, a prática da Caridade, por que não se dedicam os espíritas somente às obras sociais? Por que gastar dinheiro com a construção, também, de Centros Espíritas e perder tempo com reuniões evangélicas e mediúnicas?

Para sermos bastante claros e concisos poderemos responder: as obras sociais são uma decorrência do estudo da Doutrina Espírita. Do estudo e da compreensão; porque existem pessoas que estudam um assunto a vida inteira e nunca chegam a compreendê-lo. Existem os que se dizem espíritas mas que "só gostam da parte teórica da Doutrina": infelizmente não conseguiram ainda ser espíritas. Continuam ritualistas, com a diferença de que deixaram de adorar alguma imagem ou praticar um culto exterior para se prenderem aos símbolos tipográficos dos livros doutrinários. Ficam realmente presos à letra, de que acabam "gostando", como realmente afirmam.

Quem fica preso somente à teoria esquece-se de um princípio elementar de qualquer aprendizado: o livro, como a imagem ou um ritual, deve somente despertar a mente do indivíduo para realizações pessoais no campo a cujo estudo se esteja dedicando. A realização pessoal no campo religioso se traduz em realizações para benefício do próximo, em detrimento do egoísmo. Livro ou imagem, ou rito, não é fim; é meio. Quem os elege como fim não entendeu a sua finalidade. Ou, o que ocorre na maioria das vezes, não foi preparado para tal entendimento.

Portanto, necessário e inadiável é o ensinamento religioso. Ensinamento que deve libertar o indivíduo do apego aos símbolos, ensino que deve levar o indivíduo a aproveitar o livro como uma escada para graus mais elevados e não como cadeira para descanso e estacionamento. E o ensino da Doutrina Espírita leva o indivíduo a estas conclusões; não bitola sua mente. Aliás, não deve bitolar a mente de ninguém; ocorre, porém, que muitas pessoas adoram bitolar-se porque, dessa forma, acham uma desculpa para não trabalhar no campo religioso: "Prefiro a parte teórica".

Volta aqui a dúvida. Por que não se dedicar somente às obras para evitar o surgimento de teóricos? Isso é impraticável. As obras nascem da teoria. Todo trabalho nasce, antes, de uma idéia, de uma teorização. O trabalho que não nasce de uma base teórica sólida, estará fadado ao desaparecimento ou ao desvio de suas finalidades. Acontece que muitos indivíduos começam a estudar um assunto, para aprender as bases teóricas, e acabam ficando só nesse estudo a vida inteira. E muitas vezes acabam criticando elementos do mesmo grupo, que tendo iniciado juntos o estudo, compreenderam o valor do ensinamento, arregaçaram as mangas e estão dedicados a algum trabalho de elevação social. Não tivesse havido o estudo, o ensinamento, não teríamos a obra social. Os que permanecem estacionados na teoria ainda não aprenderam. Aprenderão mais tarde, quando, numa encarnação talvez, conseguirem se desfazer do curto-circuito mental que não lhes permite avaliar a beleza da energia da inteligência quando dirigida a um trabalho fraterno.

Centros Espíritas e reuniões evangélicas à luz da Doutrina Espírita são fundamentais. São pontos onde, a par do estudo, se reúnem muitas mentes dedicadas a objetivos comuns formando um ambiente próprio para o despertamento de sentimentos nobres, ou para a renovação de sentimentos. São focos onde indivíduos doentes da alma recebem jatos de luz na escuridão de seu íntimo, recebendo energias novas para superar as próprias imperfeições. São quartéis-generais da caridade. E bem podemos avaliar um soldado no campo de batalha, sem a retaguarda de um quartel-general; em pouco tempo estará derrotado ou será convencido pelo inimigo a passar para o outro lado. E, em matéria de religião, "passar para o outro lado" significa desertar de praticar o bem ou estacionar em torno de símbolos.

A obra social sem a iluminação religiosa (religiosa no sentido não-dogmático) se transforma em instrumento frio, que, em vez de elevar o homem, acaba por afundá-lo ainda mais no abismo do ódio e da desesperança; torna-se mera prática burocrática, em que contam apenas os números de casos atendidos e não o número de homens assistidos.

26

A MULTIPLICAÇÃO DOS PÃES

*N*o chamado "milagre da multiplicação dos pães", há um ensinamento que tem passado desapercebido da grande maioria dos homens. Trata-se da necessidade de ordem e calma para solução dos problemas aflitivos.

Recordemos, inicialmente, como se processou a multiplicação dos pães, segundo o evangelista João (cap. 6, versículos de 1 a 15). Os apóstolos estavam preocupados como alimentar a multidão faminta de cinco mil pessoas, que acompanhava Jesus para assistir aos milagres que vinham sendo feitos. Filipe, um dos discípulos, disse a Jesus que o dinheiro que possuíam não era suficiente para compra de pão para todo aquele povo; André apresentou ao Mestre um moço que trazia cinco pães de cevada e dois peixes. Parece que a confusão era geral; a preocupação era patente entre os apóstolos.

Jesus, no entanto, calmamente, tomou em suas mãos os cinco pães e os dois peixes e ordenou aos apóstolos: "Mandai assentar a essa gente". E todos comeram pão e peixe.

O Espírito Emmanuel, através da mediunidade de Francisco Cândido Xavier, tira precioso ensinamento desta passagem. No livro *Caminho, Verdade e Vida*, no capítulo intitulado "Tende Calma", assim se expressa:

"Esta passagem do Evangelho de João é das mais significativas. Verifica-se quando a multidão de quase cinco mil pessoas tem necessidade de pão, no isolamento da natureza. Os discípulos estão preocupados.

Filipe afirma que duzentos dinheiros não bastarão para atender à dificuldade imprevista. André conduz ao Mestre um jovem que trazia consigo cinco pães de cevada e dois peixes. Todos discutem.

Jesus, entretanto, recebe a migalha sem descrer de sua preciosa significação e manda que todos se assentem, pede que haja ordem, que se faça harmonia. E distribui o recurso com todos, maravilhosamente. A grandeza da lição é profunda.

Os homens esfomeados de paz reclamam a assistência do Cristo. Falam n'Ele, suplicam-lhe socorro, aguardam-lhe as manifestações. Não conseguem, todavia, estabelecer a ordem entre si mesmos, para a recepção dos recursos celestes. Misturam Jesus com as suas ansiedades loucas, seus desejos criminosos. Naturalmente se desesperam, cada vez mais desorientados, porquanto não querem ouvir o convite à calma, não se assentam para que se faça a ordem, persistindo em manter o próprio desequilíbiro".

Vê-se, portanto, que o verdadeiro milagre, o fato de maior importância, foi a harmonia que se fez no ambiente. O pão e o peixe foram uma decorrência deste fato principal. Não queremos com esta interpretação insinuar que Jesus não multiplicou os pães; pretendemos, isto sim, demonstrar que se Ele se tivesse limitado apenas a multiplicar o alimento, teria somente saciado a fome daquelas cinco mil pessoas. No entanto, foi além: mostrou o que se pode conseguir quando procuramos estabelecer harmonia e silêncio. Deixou, com esta multiplicação de pães, um exemplo que não se restringiu a contentar estômagos famintos: ensinou-nos que o desespero não é aliado que deve ser cultivado se pretendemos realmente saciar nossa fome.

Quando todos gritam ninguém se entende. Não há possibilidade de ser cultivada a harmonia que dá origem a todo tipo de alimentação necessária à sobrevivência do homem: o alimento natural e o espiritual, intelectual. É possível que muitos afirmem que a gritaria é uma forma de comunicar. Discordamos: fazem confusão entre comunicação e ruído. Na comunicação, levamos a alguém uma idéia ordenada e concisa; no ruído, levamos apenas sons desarticulados ou idéias desconexas. Quem quiser multiplicar entendimento terá de oferecer o campo da harmonia. Esta é a lei, este é o sentido da multiplicação dos pães.

Nos dias atuais, onde o desespero e a angústia batem à porta de muita gente, seria oportuno que os desesperados e angustiados meditassem um pouco e pudessem oferecer brechas de harmonia em seus Espíritos revoltados, para que pudessem receber algumas migalhas do alimento pacificador.

27
POLUIÇÃO ESPIRITUAL

O homem vive imerso em dois tipos de atmosfera: a atmosfera propriamente dita, onde respira, e a atmosfera espiritual do planeta, constituída das emanações espirituais de toda a humanidade encarnada e da humanidade desencarnada que vive ligada à Terra.

Nos grandes centros urbanos, como São Paulo, o homem já está sofrendo a conseqüência da poluição do ar, que lhe traz algumas doenças e lhe diminui a vitalidade. É um problema decorrente do progresso e que, acreditamos, o próprio progresso trará recursos para solucioná-lo. Aliás, tais recursos já estão sendo aplicados nos países mais desenvolvidos e bem que poderiam ser empregados no Brasil, não fosse a falta de consideração pela vida por parte das grandes empresas responsáveis pela poluição aqui. Enfim, a própria evolução técnica obrigará essas companhias a adotar medidas saneadoras do ambiente, se não quiserem, elas mesmas, perecer no meio da poluição de seus subprodutos.[4]

Entretanto, mais grave que a poluição do ambiente pelas causas químicas, é a poluição mental, espiritual, da atmosfera terrestre, pela qual todo homem é responsável. Nesta poluição não podemos atirar a culpa nesta ou naquela indústria, no descaso deste ou daquele governo: somos todos responsáveis. E esta poluição hoje se faz sentir violentamente, na forma de uma pressão psíquica sobre todos nós, levando os menos vigilantes à insanidade mental ou a cultivar neuroses profundas.

[4] Houve mudanças na legislação após a produção deste artigo, que aplicaram regras mais rígidas à questão. (Nota do Revisor)

Como se processa essa poluição espiritual no Planeta? Da mesma forma que se processa a poluição física do ambiente. Quando uma indústria, ou milhares de veículos automotores, atiram partículas tóxicas no ar, este fica poluído; se a quantidade de tóxicos superar o índice de tolerância do organismo humano, este começa a sofrer as conseqüências e a perder a vitalidade.

No plano espiritual, no campo do pensamento, não se processa de forma diferente. O homem (tanto encarnado como desencarnado) vai acumulando em volta de si uma quantidade de fluidos poluídos, produzidos por seus pensamentos voltados para o mal ou por ações prejudiciais a seu semelhante. Esses fluidos existem realmente; até a Psicologia já nos ensina que pensamento é ação. Ora, se é ação, age de alguma forma. Se for bom pensamento, agirá beneficamente; se for mau, agirá maleficamente. Imaginemos, então, milhões de pessoas jogando diariamente na atmosfera espiritual terrestre milhões de pensamentos maléficos, pensamentos doentios. Pode-se, portanto, avaliar o grau de poluição dessa atmosfera.

Acontece que esse tipo de poluição não pode ser medido pelos instrumentos científicos, não pode ser avaliado pelos métodos até agora empregados pela Ciência. Pode, no entanto, ser medido pelo elevado número de pessoas que hoje são levadas a sanatórios de doenças mentais ou que estão praticamente inutilizadas por neuroses múltiplas, escravas da quimioterapia. Doença mental, mal do século, dizem muitos médicos.

Como então sanear a atmosfera espiritual? Da mesma forma que os técnicos agem para sanear a poluição física do ambiente: policiando as fontes de poluição, procurando minimizar ao máximo os efeitos intoxicantes. E, como cada homem é um agente poluidor, pode, por esforço próprio, transformar-se em agente saneador da atmosfera espiritual terrestre.

É necessário que expulsemos os fluidos maléficos que pesam

sobre o psiquismo humano, substituindo-os por fluidos benéficos. É necessário que cada qual faça funcionar sua usina mental, para produção de pensamentos e ações edificantes. É necessário que cada indivíduo ofendido não fique permanentemente instilando ódio contra seu ofensor, para que, ele mesmo, não venha a perecer afogado na atmosfera intoxicante do ódio que fabricou. É necessário que cada qual medite profundamente nas palavras do maior médico que a Humanidade teve até hoje: Jesus. Que cada indivíduo não considere o Evangelho apenas como uma peça folclórica ("histórias da carochinha"), mas como uma prescrição médica para enfrentarmos hoje os problemas que criamos através de séculos de erros. Que cada homem utilize cada ensinamento evangélico como o operário da fábrica utiliza o escafandro para não morrer intoxicado em meio à poluição que é obrigado a manipular.

Combate à poluição espiritual se faz com reforma da usina interior de cada um e não com a adoção de formas exteriores, que, muitas vezes, trazem para mais perto de nós a poluição de outras pessoas. É tarefa individual. E urgente.

28

A MULHER LIVRE

As transformações sociais da atualidade, que são um fenômeno normal dentro do campo da evolução da humanidade, se estão fazendo sentir com maior intensidade junto à mulher. Talvez porque a mulher represente a figura do subordinado, pelo menos simbolicamente, e as transformações visam justamente acabar com todas as formas de subordinação.

Não vamos analisar, neste artigo, o mérito ou demérito da forma com que está sendo conduzida a presente transformação; esta análise ficará para outra oportunidade. Procuraremos dar algumas noções que a Doutrina Espírita faculta no tocante ao papel do Espírito encarnado como mulher. Inicialmente, entretanto, um alerta para as mulheres: se estão certas de estarem se libertando, que prestem atenção; mais uma vez estão entrando no caminho aberto pelos homens, pois as transformações atuais foram iniciadas e são conduzidas por homens.

Há necessidade da compreensão e vivência do seguinte postulado: homem e mulher têm direitos idênticos, porém deveres diferentes. Portanto, a mulher será mais livre à medida que se tornar mais feminina, mais mulher. Alcançará a libertação quando conseguir realmente completar o homem e não quando conseguir ombrear com ele nas tarefas evidentemente masculinas. Enquanto ela lutar por conseguir a "liberdade" do homem, permanecerá confusa e indefinida, escrava dos "libertadores" que dela se utilizarão simplesmente como instrumento. Liberdade é realização interior; e realização para a mulher é ser feminina. A partir do momento em que ela eleger a posição do homem como objetivo a atingir, estará fatalmente se escravizando a uma posição masculina. O Espírito não tem sexo; portanto, pode encarnar como homem ou mulher. O sexo pertence à conformação física, ao corpo físico. É, portanto, como o próprio corpo, instrumento de elevação ou estacionamento do Espírito encarnado. Ora, se um Espírito encarna como mulher é porque achou extremamente necessário para sua evolução passar pela experiência feminina; deve procurar integrar-se o mais que puder nas características femininas. Do contrário, se encarna como mulher e acaba querendo conquistar a posição do homem, de que lhe vale a encarnação? Tempo perdido, simplesmente.

Existem muitas mulheres que têm realmente grande dificuldade de se adaptar à vida feminina e procuram distanciar-se de toda atividade que possa lembrar tarefa de mulher. Realmente essas mulheres sofrem de frustração, embora possam aparentar felicidade por uma questão de orgulho. Deveriam ser mais humildes e tentar, ainda nesta vida, iniciar algum exercício que pudesse auxiliá-las a se adaptarem à vida feminina. Pois, é evidente que se o Espírito achou necessária sua encarnação como mulher, é porque existem facetas de seu caráter que só podem ser alteradas com uma vivência feminina. E, se são alterações de caráter, realmente não são fáceis de ser realizadas; é necessário um grande esforço da pessoa.

Se a mulher realmente compreendesse sua posição e sua missão, a transformação social seria mais segura e pacífica. Seria ela, dentro do lar, a âncora moral a despertar responsabilidade nos filhos. Responsabilidade imprescindível para a efetivação de qualquer transformação que pretenda durar.

Os movimentos de "libertação" da mulher, geralmente inspirados por homens, visam inicialmente a vencer a barreira do sexo. "Amor livre" é a expressão mágica, a senha para a entrada no mundo maravilhoso da "liberdade". Chegam ao farisaísmo de afirmar que realmente o sexo livre não é o objetivo principal, mas, como o sexo significa tabu para a mulher, é necessário que ele seja vencido em primeiro lugar.

Trata-se de uma forma de atingir liberdade pela degradação do indivíduo, como se indivíduos degradados pudessem valorizar, ou entender, a liberdade.

Antes diziam que a "religião é o ópio do povo"; hoje não há afirmação teórica: querem transformar o sexo em ópio da mulher. Uma fumaça tóxica que, levando-a à degradação, retardará fatalmente sua verdadeira libertação. É claro que a religião deixou muito a desejar no campo da educação, mas a evolução da ciência obrigou a adoção de crenças mais lógicas e racionais, e até a transformação das religiões mais antigas. O Espiritismo, como doutrina baseada na experimentação e na interpretação do Evangelho sem simbolismo, pode oferecer subsídios para a libertação da mulher.

Pode o Espiritismo oferecer caminhos que conduzam a mulher a avaliar com seriedade a responsabilidade de sua participação na evolução da humanidade. Uma responsabilidade que não se limita ao campo passivo do sexo, mas que influi em todos os setores de atividade, fornecendo bases psicológicas estáveis para as grandes modificações. A mulher realmente feminina é a grande revolucionária de nossos tempos.

29
ABORTO

O aborto provocado é uma carga psíquica cujo peso, para a consciência da mulher, ainda não foi suficientemente avaliado. É evidente que está excluído desta carga o aborto terapêutico, necessário muitas vezes para a preservação da vida da mãe. Referimo-nos tão-somente ao aborto provocado só para matar na raiz um ser que começa a lutar por um lugar ao sol. Um crime cometido nas sombras, e, infelizmente, às vezes em locais que não se envergonham de levar o rótulo de "consultórios" ou "enfermarias". Um crime que na maioria das vezes escapa à punição da lei humana, porque cometido contra um ser que não pode protestar; um ser ao qual não foi dada nenhuma opção.

Infelizmente, os homens acham ainda que se conseguirem burlar a lei humana, estarão quites com a própria consciência. Esquecem-se de que a consciência, a mente, é um registro poderoso de todas as nossas ações e pensamentos. Tão forte é o registro, que vemos muitos indivíduos com complexo de culpa embora inconsciente, só porque pensaram em fazer mal a alguma pessoa. Só pensaram; não chegaram a agir. E mesmo assim a mente registrou e criou o complexo de culpa, tão conhecido dos psiquiatras. Imagine-se então uma ação, como deve ficar gravada. E quanto mais uma ação criminosa, onde o inimigo não tem nenhuma possibilidade de defesa, como o feto que se arranca do ventre materno.

Para compreendermos quão grave é o aborto, precisamos rever algumas noções sobre o fenômeno da encarnação. Encarnação é o ato que se inicia quando o Espírito se liga ao ovo, logo após a fecundação; à medida que o ovo se transforma em feto e este se transforma em bebê, vão se estreitando mais os laços que ligam o Espírito ao corpo.

É esse Espírito que dará a personalidade ao futuro ser que, evidentemente, trará características orgânicas decorrentes da Lei da Hereditariedade. É esse Espírito que plasmará no corpo as características essenciais necessárias à sua vitória na nova encarnação. Às vezes, essas características compreendem até uma deformidade física: é necessária a prova da deformação para que o Espírito valorize a perfeição do corpo, que, provavelmente, numa vida anterior, não soube valorizar em si ou em outras pessoas.

Quando um Espírito está pronto para encarnar, busca sua futura mãe ou para junto dela é conduzido. Começa aí um processo de afinização entre o Espírito-candidato à reencarnação e a futura mãe. Na maioria das vezes, mãe e filho têm ligações do passado, de vidas anteriores. Ligações de amor ou de ódio. Pois, o ódio, como o amor, também estabelece laços entre os seres. Durante o tempo que durar essa aproximação entre Espírito-candidato e mãe, é muito provável que a mãe, durante o sono, seja apresentada ao futuro filho e lhe seja explicada — pelos Espíritos mentores — sua verdadeira tarefa quanto à maternidade. Diante desses fatos, a mulher acaba aceitando a tarefa. É verdade que, às vezes, a contragosto, como remédio para seu reajustamento psíquico.

Feito esse acordo, aguarda o Espírito-candidato as condições essenciais para o retorno ao novo corpo. Processada a concepção, é dada a partida de uma nova existência corporal, irreversível, que só poderá ser interrompida — de ambas as partes, mãe ou filho — no caso de algum acidente grave colocar em risco a vida da mãe.

Portanto, o aborto é a quebra de um acordo demoradamente estabelecido. O rompimento de uma ligação exaustivamente acertada. Geralmente ocorre à mulher praticar o aborto quando em seu consciente afloram reminiscências do subconsciente, de que aquele ser que se forma em seu ventre não lhe nutre nenhum amor; foram inimigos no passado. Esquece-se a mulher da renúncia necessária à mãe; renúncia do amor do próprio filho. E de nada lhe adiantará adiar o reencontro com o velho inimigo, pois, permanecendo as ligações do pretérito delituoso, essas ligações só serão desfeitas com amor. Só o amor desfaz o mal; só o amor cura o ódio. Adiar esse reencontro, através da prática do aborto, será adiar e ampliar o sofrimento; será protelar para outra ocasião (com certeza bem mais difícil) a oportunidade de ajustar contas. A oportunidade de dar amor, de se reequilibrar perante si mesma.

Quando o Espírito reencarnante é expulso do corpo através da medida violenta do aborto, se for um ser ainda pouco esclarecido (como o são a grande maioria dos que ainda encarnam na terra) passará a perseguir a ex-futura mãe; poderá "colar-se" ao Espírito da mulher, pesando terrivelmente e levando-a para o desequilíbrio. Se, ao contrário, for um Espírito já voltado para o bem (que, muito provavelmente, viria ao mundo para ajudar a mãe a suportar as provas da vida), fará com que a mulher passe a sentir uma sensação de vazio, um vazio interior. Como se uma parte de si tivesse sido retirada. Uma sensação que também poderá levá-la ao desequilíbrio, uma vez que, necessitada de um apoio, ela espontaneamente o repeliu.

Deve, portanto, muito meditar a mulher que esteja com intenção de praticar o aborto, que não seja o aborto terapêutico. Talvez o filho que ela pensa virá pesar em sua vida, seja justamente o contrário: seja o próprio esteio de sua existência de mãe incompreendida, se ela lhe ministrar o remédio do amor.

30
A EXISTÊNCIA DE DEUS

*F*reqüentemente o Espírito humano se vê à frente de uma indagação grave e que tem provocado muito desentendimento entre os homens: o que é Deus? O Espiritismo não poderia fugir a essa indagação, pois de sua resposta depende o desenvolvimento do corpo doutrinário. *O Livro dos Espíritos*, base da Codificação Espírita, dedica seu primeiro capítulo às chamadas causas primárias, a Deus.

A pergunta número um desse livro, que resume o ensinamento dos Espíritos Superiores, é direta: o que é Deus? A resposta também é incisiva: "Deus é a inteligência suprema, causa primária de todas as coisas".

A partir dessa resposta, Kardec formulou novas perguntas dentro do mesmo tema, as quais os Espíritos foram respondendo de forma lógica e ordenada, sem contradições. Surge, dessa forma, Deus como Causa Primária de **todas** as **coisas**. Todas as coisas — matéria e Espíritos — têm em Deus sua origem. Um Deus universal e não mais deuses particularistas e dogmáticos, propriedades de seitas ou religiões. Um Deus criador e não um Deus criado pelos homens e, em conseqüência, arrastando todos os vícios e virtudes dos homens. Deus criador do plano da vida e das leis do Universo, de infinito amor, que se ocupa com a essência do homem e não com a forma, nem com as variadas formas de o homem se dirigir a Ele.

Mas, onde encontrar a prova da existência de Deus? Os Espíritos respondem: "num axioma que aplicais às vossas ciências: não há efeito sem causa. Procurai a causa de tudo o que não é obra do homem, e vossa razão vos responderá".

É necessário, contudo, que a razão não esteja presa a preconceitos. É chocante esta afirmação mas é preciso convir que existem homens de grande saber em um determinado ramo do conhecimento humano, que teimam em ser intransigentemente irracionais no tocante a outros ramos. São homens preconceituosos. Como preconceituoso é também aquele que tudo subordina à ação dos Espíritos. A razão aqui invocada pelos Espíritos para análise da existência de Deus é aquele sentimento que faz com que, por exemplo, sugere o físico dizer: "não encontro na Física elementos que provem a existência de Deus, mas façamos indagações às outras ciências para que possamos tirar alguma conclusão racional". Não estará utilizando a razão aquele que quiser subordinar tudo ao ponto de vista de sua especialidade.

Além do mais há um sentimento intuitivo que todo homem traz, da existência de Deus. Em nosso íntimo, embora muitas vezes o orgulho e o amor-próprio digam o contrário, sentimos a existência de Deus, a existência de um ser superior. Muitos poderão achar que tal sentimento seja uma decorrência dos ensinamentos religiosos da infância, o efeito da educação, enfim, produto de idéias adquiridas. Se assim o fosse não existiria entre os selvagens e não seria um sentimento universal. Se a idéia de Deus fosse criação particularista de algum povo, ela existiria somente entre esse povo ou entre aqueles indivíduos que tivessem tido contato cultural com esse povo.

Quando examinamos um relógio, não nos ocorre a idéia de que aquela precisão cronométrica do mecanismo tenha sido obra do acaso, isto é, que todas as peças se tenham juntado ao acaso e dado forma, funcionalidade e precisão ao relógio. É claro que o bom senso nos indica a existência de um relojoeiro, de um construtor de relógios — de uma inteligência superior ao relógio. E se olharmos para o Universo e meditarmos sobre os bilhões de sóis que nele giram em movimentos harmoniosos e precisos (muitos dos quais são medidos pelos astrônomos), como atribuir isso ao acaso? Seria muito mais fácil o acaso construir um relógio e, no entanto, até hoje o relojoeiro é imprescindível — é a causa primária — da construção de todo relógio.

Portanto, deve o Universo ter uma causa primária, um Ser inteligente que estabelece as leis pelas quais os mundos se regem. E um Ser que não é estático, contemplativo: um Ser que trabalha sempre, pois que a cada dia, surgem novos astros "envelhecidos" que se deterioram.

Deus é a base de todas as religiões. Não pode haver Cristianismo sem Deus, nem o Espiritismo poderia existir como Doutrina se não o admitisse. O próprio Cristo se referia ao "Pai que está nos Céus" e se dizia um agente da vontade do Pai. Deus é o elo mais forte que liga as criaturas, que estabelece a fraternidade, que nos lembra a origem comum: todas criaturas de um só criador. Todos são irmãos, independentemente de credo religioso, cor, nacionalidade ou convicções políticas. Uma religião sem Deus é mais uma das muitas criações do homem; um ato particularista de egoísmo. Um ato de separação dos homens, incentivador de lutas e inimizades. A idéia de Deus une mais as criaturas; a negação de Deus estimula o amor-próprio, estimula o homem-deus que é a mais opressora de todas as criaturas.

31
COMO CURAR OS DOENTES

*C*onta-se que quando o médium Francisco Cândido Xavier pretendeu receber instruções de Espíritos dedicados à cura de doentes, a fim de aliviar também as dores físicas do próximo, seu mentor espiritual lhe disse:

— Está bem, Chico. Você poderá alcançar o mérito de entrar em contato com abnegados médicos da Espiritualidade. Entretanto, saiba que para curar algum doente é preciso, antes de tudo, aprender a amar o doente e a compreender a dor. Comece hoje mesmo a assistir a um irmão muito necessitado organicamente, a fim de ir exercitando a compreensão pela dor alheia e o amor pelos doentes.

E o próprio mentor lhe indicou um casebre à beira de um atalho que Chico percorria diariamente, a caminho de seu trabalho numa repartição do Ministério da Agricultura. "Ouça — disse-lhe o mentor espiritual — dentro daquele casebre há um velho em agonia; está abandonado e apodrecendo aos poucos. Vá até ele e comece ali a prática do amor aos doentes."

E Chico, dócil aos conselhos dos mentores espirituais, foi até a choupana, empurrou a porta de caixotes e, imediatamente, um forte cheiro de matéria em decomposição lhe chegou às narinas. A primeira reação foi recuar e não mais abrir a porta do barraco. Mas, fiel às determinações do Plano Espiritual, foi em frente. Esticado no chão de terra batida, um velho respirando espaçadamente apresentava feridas por todo o corpo; feridas que exalavam forte mau cheiro. Chico Xavier não teve dúvida. Arranjou água e sabão e começou carinhosamente a lavar o agonizante. Colocou-o depois sobre panos limpos e levou-lhe um caldo quente para tomar.

E assim, durante cerca de dez dias Chico Xavier cuidou diariamente do velhinho, que acabou falecendo sob seus mais carinhosos cuidados. Desse velhinho, Chico, agora já habituado a "pôr a mão na ferida para curá-la", lançou-se a assistir outros doentes abandonados. Passou a amar os sofredores e a compreender a dor. Três ou quatro anos depois de haver demonstrado ao Plano Espiritual sua vontade de ser intérprete na cura de doenças físicas, ele começou a receber instruções de médicos espirituais. Três ou quatro anos de ininterrupto exercício de amor aos doentes e compreensão da dor alheia foram-lhe o diploma de intermediário dos médicos do Mundo Espiritual. E até[5] hoje continua seu trabalho de amor pelos doentes, para poder continuar merecendo a orientação segura de Espíritos iluminados.

Esse fato ocorrido com o médium Francisco Cândido Xavier deve ser, forçosamente, transferido para todos aqueles que se pretendem dedicar ao ministério da cura: médicos, psicólogos, enfermeiros, dentistas, assistentes sociais. Antes de mais nada é preciso amar o doente e compreender a dor alheia. Médico que não ama o doente, é como um mecânico que, conhecendo todas as peças do organismo humano, se limitasse tão-somente a substituir uma peça avariada por outra em bom estado. Mas, tal procedimento jamais dará resultado porque o homem não é tão-somente uma máquina com uma infinidade de peças; é uma unidade espiritual que age prontamente à ação do amor, do ódio ou da indiferença. Limitar-se a substituir uma de suas peças, indiferentemente à sua condição de ser pensante, é mecanizar um sacerdócio: o sacerdócio da Medicina.

Queiram ou não, Medicina é sacerdócio. Assim a encara o Plano Espiritual. Assim a encara Jesus. Médico que se dedica a esse sacerdócio tão-somente para amontoar bens materiais, está conspurcando

[5] O médium Francisco Cândido Xavier, ou simplesmente Chico Xavier, faleceu (ou desencarnou, segundo o Espiritismo) em 2002. (Nota do Revisor)

a si próprio. Ajuntará montes de dinheiro sem nunca ter exercido a Medicina; terá, simplesmente, exercido uma atividade comercial.

Para curar é preciso, antes, amar os doentes e compreender a dor. Eis aqui o sucesso espiritual de todos os médicos; a grande fortuna moral que lhes está reservada.

32
INVESTIMENTO RELIGIOSO

*A*creditamos que até hoje nenhum economista, ou sociólogo, tenha feito qualquer estudo sobre a importância do investimento religioso para elevação do padrão geral da sociedade. Não se fez, ainda, nenhum cálculo — frio e matemático — dos lucros decorrentes de um investimento religioso bem aplicado. Acreditamos que no momento em que alguém se dispuser a estudar a importância desse investimento — como os analistas da Bolsa se dedicam ao estudo da rentabilidade das ações — a Economia tomará realmente os rumos indicados pelo Cristianismo. Uma economia cristã.

Como seria o investimento religioso? Talvez algo aproximado ao investimento feito pelos desbravadores dos sertões brasileiros (com as "Entradas" e "Bandeiras") ou do oeste norte-americano. Tiveram a coragem de entrar em terreno desconhecido, investiram para o futuro, já que o presente, eles o sabiam não lhes traria nenhuma vantagem.

É claro que o exemplo é demasiadamente grosseiro. Mas que fazer quando não se tem nenhum termo de comparação apropriado? É mais ou menos a situação do cego de nascença que tenta explicar a teoria das cores. O investimento religioso seria aquele esforço comunitário destinado a modificar a estrutura do homem, dentro dos padrões cristãos. E não venham dizer que poderia ser aplicado somente nos países ocidentais, de civilização Cristã: o Cristianismo é universalista, seus princípios fundamentais estão nas raízes de todas as demais filosofias religiosas. Os homens é que confundiram Cristianismo com dogmatismo religioso ("Fora da Igreja não há salvação"), contrariando a essência ("Fora da caridade não há salvação").

Portanto, é possível que muita gente chegue a afirmar que há muitos séculos vem sendo acumulado o investimento religioso. Realmente, a impressão que se tem é essa memo. Embora reconhecendo o trabalho dos homens, que, desde os primeiros tempos da Igreja, vêm se dedicando, com a melhor das intenções, a multiplicar os empreendimentos religiosos, somos forçados a minimizar esse esforço em termos de reforma da estrutura íntima do homem. Só agora, realmente, todas as religiões estão se preocupando com essa reforma. Talvez seja uma questão de maturidade ou de reflexo: a religião refletindo os movimentos de massa quando, na realidade, deveria refletir nas massas a sua mensagem renovadora. Uma inversão: religião na ré dos acontecimentos, quando deveria estar na vanguarda.

Investimento religioso traz lucros a médio e longo prazo. É o dinheiro aplicado hoje em meios que possam realmente levar ao homem a mensagem cristã. E não nos esqueçamos de que mensagem cristã liberta o indivíduo, não o subordinando às imposições de nenhuma seita. É de tal forma dinâmica a mensagem cristã que, a partir do momento em que o indivíduo a recebe e aceita, passa a irradiá-la como um pai deve irradiar amor para todos seus filhos. Passando a aceitar o Cristo, passa o homem a ver irmãos em todos os seu semelhantes e já não lhe assoma à mente a vontade de prejudicar seu próximo; apenas de ajudá-lo.

Investimento cristão é o tempo que uma pessoa dedica a minorar o sofrimento do próximo. A sociedade se beneficiará deste gesto anônimo: o indivíduo beneficiado será um revoltado a menos, um número positivo nas colunas contábeis da própria sociedade. Investimento cristão é todo o esforço que o homem faz para melhorar a si próprio. É altamente lucrativo para a sociedade, porque forma um fator multiplicador: o homem evangelizado multiplica-se em obras.

É claro que em termos de Imposto de Renda o investimento religioso, no sentido cristão, não conta para dedução ou abatimento. Conta, entretanto, para nós mesmos, para nossos herdeiros e sucessores. De que adianta deixar riquezas imensas para eles, se amanhã viverão num mundo cheio de ódios e ressentimentos? Terão de ficar escravos desses mesmos bens, pois temerão o assalto a qualquer momento. Ou, simplesmente, dilapidarão o patrimônio porque não aprenderam a valorizar o trabalho e a santificar o lucro, multiplicando-o em benefícios sociais.

33
O QUE PEDIR A DEUS

Jesus afirmou: “pedi e dar-se-vos-á; batei e abrir-se-vos-á”. Uma afirmação que, para muita gente, parece absurda. Então, Deus me dará tudo o que eu pedir? Abrirá para mim todas as portas da felicidade em que eu bater? O crente de qualquer religião poderá dizer: vou orar para obter tal coisa, para atingir este ou aquele objetivo.

Entretanto, o problema não se equaciona simplisticamente assim, colocando-nos apenas na posição de pedintes e recebedores de graças. É preciso convir que, quase sempre, pedimos favores maiores que nossa capacidade de recebê-los. É como se um recipiente com capacidade para um quilo pedisse um volume de dez quilos.

O problema é, principalmente, de preparação do recipiente para a recepção do pedido. Estamos realmente preparados para receber tudo o que pedimos? Teremos mérito para sermos atendidos em tudo? Os pais dão tudo o que seus filhinhos lhes pedem? Pelo contrário, a sensatez paterna e materna determina que antes se analise se o pedido da criança vai realmente beneficiar o filho, ou vai prejudicá-lo irremediavelmente. Então, admitindo-se Deus como pai, é justo atribuir-lhe o dom da mais sublime Justiça e Sensatez. Atributos estes que não permitem que atenda a todos os pedidos, mas tão-somente àqueles que serão bem aproveitados por seus filhos.

Muitas vezes a pessoa ora a Deus, ou a seu santo preferido, pedindo determinado favor; pedindo, por exemplo, que se cure de determinada doença. Como toda prece é atendida, nenhum apelo fica sem resposta, também este pedido merece atenção do Plano Superior. Ocorre que neste Plano, onde está realmente a direção da Vida, constata-se que essa pessoa tem necessidade de passar por essa doença, para aprendizado de seu próprio Espírito. Contudo, impõe-se uma resposta à prece, à oração. O Plano Espiritual enviará a essa pessoa nova cota de forças e paciência para suportar a doença. Ora, como não recebe a graça da cura, tal pessoa se desespera e perde a fé. Perdendo a fé, não terá nem condições de receber o auxílio que lhe for endereçado: não perceberá que, após a prece, sairá fortalecida e com novo ânimo para enfrentar as dores. O desespero, ao contrário, lhe duplicará as dores.

Este é um exemplo de pedido feito sem que tenhamos condições de pedir. É melhor, portanto, que sempre peçamos o menos, pois por não nos lembrarmos de nossas dívidas de vidas passadas, se pedirmos o mais correremos o risco de nos frustrarmos. No caso exemplificado, mais correto seria a pessoa pedir forças para enfrentar a doença. Esperando renovação de forças, de fato ela teria se beneficiado da ajuda, pois teria recebido justamente aquilo que esperava, não havendo razões para se desesperar. E, se o Plano Espiritual chegasse à conclusão de que realmente ela deveria ser curada, após a prece ocorrendo a cura, só haveria razões para maior alegria.

Suponhamos uma pessoa perdida num deserto. A sede vai, aos poucos, a atormentando, num crescendo desesperador. Ela procura, em vão, alguma nascente. Debate-se. Vem a noite e, com ela, uma brisa suave com algum teor de umidade. Se a pessoa continuar a se debater em busca de uma nascente, não terá condições de aproveitar os benefícios dessa brisa, que pela sua umidade, poderia lhe trazer um paliativo benéfico. Benefício este, porém, que lhe daria forças para andar mais alguns quilômetros em busca de água. Se parar alguns instantes para que o efeito da brisa lhe penetre pelos poros, adquirirá novo alento e melhores condições de raciocinar para encontrar a nascente.

Assim é o indivíduo desesperado em busca de uma solução para seus problemas. Muitas vezes dirige-se a Deus, mas não pára um instante sequer para poder perceber de que forma chega a resposta ao seu pedido. Não percebe a brisa suave que poderia beneficiá-lo e dar-lhe condições melhores, porque está com a idéia fixa na fonte.

34
CHICO XAVIER

A entrevista do médium espírita Francisco Cândido Xavier, em uma emissora de televisão de São Paulo, demonstrou, pelos números, que o Espiritismo tem uma mensagem para a atualidade: quadruplicou o índice de audiência da emissora, durante a entrevista, em relação ao mesmo horário do mesmo dia, de semanas anteriores. Isso segundo o boletim do Ibope, que faz pesquisa de audiência para todas as emissoras de televisão de São Paulo.

Realmente, Chico Xavier, com a assistência de Espíritos iluminados, deu ao telespectador a dimensão, embora sucinta, da Doutrina Espírita. Partindo da aceitação do progresso científico, como um presente de Deus para a evolução da Humanidade e chegando até o coração dos homens, tocando nas cordas sensíveis do sentimento, ao evocar a figura querida da própria mãe, a entrevista do médium de Uberaba mostrou toda a coerência do Universo, e colocou o homem como construtor da própria felicidade. Puro Espiritismo; simplesmente coerência doutrinária.

Entretanto, o que Chico Xavier disse já foi dito e explicado por muita gente, por indivíduos eruditos e portadores de um poder de comunicação verbal muito mais avançado. Nenhum indivíduo, nenhum expositor espírita, contudo, conseguiu transmitir ao ouvinte a sensação que Chico transmitiu. Trata-se, mais uma vez, de coerência doutrinária; a humildade, característica dos grandes homens, é a autoridade diante da qual todos se curvam.

Sei perfeitamente que Chico Xavier jamais nos autorizaria a escrever nestes termos. Não fala nunca de si próprio. Sua vida é um exemplo de trabalho em favor dos outros; habituou-se a servir. Ou melhor, conquistou a posição de servir, desinteressadamente. Em quase 45 anos de mediunidade, sempre se prestou a escrever para os outros, a emprestar seu instrumental físico para que os autores espirituais aparecessem, em prosa e verso, perante os homens. Nega, sistematicamente, seu próprio valor. E, o que é mais importante, exemplifica em todos os instantes essa negação de si mesmo. Acredito que não foi fácil trazê-lo para a televisão; e acredito mesmo, que só aquiesceu em comparecer atendendo ao conselho de Emmanuel, seu guia espiritual. Procura sempre obedecer à luz, para iluminar os escuros caminhos da Humanidade, sempre servindo, negando a si próprio.

Chico Xavier na televisão, era a própria imagem de um servidor obediente. Um homem a serviço do Evangelho; 45 anos[6] de resignação testemunhada dia a dia. Uma autoridade moral.

Estas considerações devem ser levadas em conta de uma advertência. Advertência a todos os médiuns, a todos aqueles que se dedicam ao intercâmbio com o plano espiritual. Não tentem fazer aquilo que Chico fez na televisão, se não tiverem a autoridade moral de Chico Xavier. Não queiram, agora, demonstrar capacidade mediúnica ou cultura doutrinária, só porque Chico Xavier o fez. (Pois sabemos que muita gente costuma dizer: "Chico faz isso; por que eu não posso fazer?"). Todos nós podemos fazer o que ele fez: a evolução moral é uma conquista fatal para todos nós e a rapidez com que ela se processa depende única e exclusivamente de nosso esforço. Pode, sim, qualquer médium fazer aquilo que Chico fez, transmitir aquilo que ele transmitiu. Pode sim, desde que tenha um gabarito moral equivalente a 45 anos de prática constante dos preceitos evangélicos. Se não tiver esse gabarito, fique em casa; fique trabalhando anonimamente no Centro Espírita onde sua mediunidade deve sempre ser colocada a serviço do

[6] Esta matéria foi publicada na década de 1970. Com seu desencarne, em 30 de junho de 2002, Chico Xavier completou mais de setenta anos de trabalhos pelo Bem e divulgação doutinária. (Nota da Editora)

Bem. Enfim, trabalhe, humilhe-se, obedeça. Esforce-se para conquistar tamanho gabarito moral.

A entrevista com Chico Xavier, que tantas consolações trouxe para os telespectadores, não deve servir de modelo para o procedimento de outros médiuns. O modelo só será válido se o outro médium for portador das mesmas qualidades de Chico Xavier, qualidades estas, coerentes de quem se diz espírita.

Vale aqui a advertência de João, o Evangelista: "não creais em todos os Espíritos; mas verificai antes se os Espíritos são de Deus". Isto é, não acreditem, agora, os telespectadores, em todos os médiuns (ou pseudomédiuns) que aparecerem diante do vídeo da televisão. A Doutrina Espírita é realmente aquela amplidão maravilhosa que Chico Xavier conseguiu transmitir, mas o homem que não estiver se esforçando para elevar-se moralmente, não terá condições de transmitir tais maravilhas; é uma fonte seca do amor, querendo doar consolação. Precatemo-nos, pois, das fontes secas.

35
O PASSE

A transmissão de fluidos magnéticos para cura ou alívio de doenças, mais conhecida por passe, tem sido incompreendida pela Medicina e, muitas vezes, mal-entendida pelos próprios espíritas. Entretanto, curas existem numerosas, comprovadas, para exame da Ciência; os livros doutrinários estão repletos de instruções e explicações acerca da ação do passe para que os espíritas possam utilizá-lo corretamente e, também, recebê-lo com propriedades.

Inicialmente, é preciso ter em conta que o passe não opera milagre e não exprime nenhum ato litúrgico. A imposição de mãos é apenas a forma mais apropriada de o agente transmissor (passista) melhor concentrar sua vontade no trabalho que está executando. Passe é a vontade educada e disciplinada para ajudar o próximo. Não é milagre porque não derroga nenhuma das leis naturais: trata-se simplesmente da manipulação de elementos mais sutis da natureza — os chamados fluidos. Fluidos que, em sua quase totalidade, ainda escapam aos instrumentos de verificação do atual estágio da Ciência terrestre. Apenas a título de informação, registramos aqui que cientistas russos têm conseguido fotografar as radiações emitidas pelas pontas dos dedos de médiuns passistas; tais irradiações são fluidos luminosos, benéficos, que podem ser utilizados na restauração de células ou tecidos doentes.

A legislação brasileira proíbe a transmissão de passes, por considerá-la curandeirismo ou prática ilegal da medicina. Acreditamos que o legislador, ao tratar de tão importante assunto se tenha deixado impressionar pelas práticas litúrgicas, desprovidas de quaisquer sentimentos evangélicos, que, infelizmente, ainda imperam em grande quantidade por todo o Brasil. De uma certa forma, a lei impõe um freio ao charlatanismo, embora talvez essa não fosse a melhor maneira de reprimir tais manifestações. Poderá o legislador brasileiro, no caso de pensar numa reforma da lei, estudar o procedimento do Parlamento da Inglaterra, que há muito tempo reconheceu a validade do trabalho dos médiuns curadores.

É evidente que aos Centros Espíritas cabe educar e instruir o indivíduo de boa vontade que se propõe a trabalhar como passista. Tal instrução implica, inicialmente, no estudo sistemático de *O Livro dos Médiuns* e de *A Gênese*, (principalmente o capítulo referente aos fluidos), ambos de Allan Kardec, codificador da Doutrina Espírita. A educação do passista implica em sua auto-evangelização, no estudo e aplicação de *O Evangelho segundo o Espiritismo*. É possível que muitos aleguem: "se o passe é apenas um ato da vontade, basta apenas ter boa vontade; não é preciso estudar". Não se levando em conta que a "boa vontade" aqui quase sempre é sinônimo de acomodação, responderíamos: é possível que o avião demorasse mais tempo para ser uma realidade se Santos Dumont ficasse somente na vontade de voar...

É preciso estudar, conhecer a mecânica dos fluidos utilizados na transmissão do passe; é preciso aprimorar-se moralmente porque tais fluidos são transformáveis pela ação de nosso procedimento moral: não poderemos nunca emitir fluidos curadores se nos mantivermos presos a preocupações egoístas e menos dignas. É preciso também que os espíritas expliquem a todos os que buscam o passe reparador: em muitas ocasiões o passe não cura — dá novos suprimentos de forças para resistirmos ao mal.

Muita gente interessada e necessitada de se beneficiar do passe fica em dúvida de como agir para não cair nas mãos de charlatães ou mistificadores. Embora reconheçamos ser um tanto difícil descobrirmos a realidade interior de um médium passista, podemos fornecer duas características que o recomendam: 1ª) aquele que nada cobra pelo seu trabalho, pois deve, necessariamente, ter uma fonte de renda desvinculada de suas atividades espirituais; 2ª) aquele que não usa uniformes ou rituais de qualquer espécie, preocupando-se em oferecer ao doente, antes do passe, noções esclarecedoras acerca do auxílio magnético; e que convida sempre ao estudo e à prática do Evangelho.

36

AMOR, FÉ, TRABALHO E INSTRUÇÃO

*E*m agosto de 1553, após oficiar a primeira missa do planalto de Piratininga, o padre Manuel da Nóbrega foi visitado pelo apóstolo Paulo, que, nimbado de luz, lhe apontou as campinas circundantes e lhe pediu para ali fundar uma cidade sobre as quatro colunas-mestras do cristianismo: Amor, Fé, Trabalho e Instrução. Nóbrega lançou-se à obra e no dia 25 de janeiro do ano seguinte inaugurava a igreja, dando, assim, nascimento à cidade mais importante do hemisfério sul do planeta: São Paulo.

Estas foram as palavras do discurso mediúnico de Francisco Cândido Xavier, no último sábado, após receber o título de Cidadão Paulistano que lhe foi outorgado pela Câmara Municipal. Muito significativa a mensagem. São Paulo está assentada sobre os quatro fundamentos místicos da mensagem cristã: amor, fé, trabalho e instrução.

Estaremos nós, paulistanos (natos ou adotivos), colaborando para que essas quatro sementes produzam bons frutos? Procuremos analisar a grande cidade nestes quatro aspectos:

1º) Amor. Desenvolveu o paulistano todo seu potencial de amor? Não; parece-nos que o homem da grande metrópole não tem a coragem de fazer germinar essa sublime semente que está lançada no terreno de seu coração. Vemos, muitas vezes, que as pessoas procuram até abafar a plantinha nascente do amor, catalogando-a na conta de "pieguismo" ou de "trabalho superficial que não modifica as estruturas".

2º) Fé. O paulistano tem fé no trabalho, muitos dirão. Mas a fé é algo muito mais importante do que a simples procura do bem-estar material objetivado pelo trabalho. Fé significa crença em Deus, num

Criador de todos nós; significa, portanto, a crença de que todos somos irmãos. Isso implica em solidariedade.

3º) Trabalho. Neste aspecto o paulistano fez frutificar a semente dos fundamentos místicos da cidade. São Paulo é tida como a "locomotiva do Brasil; logo, a metrópole do trabalho. Fixou-se, contudo, o paulistano com certo fanatismo no trabalho, isto é: elegeu um objetivo material para si e busca atingi-lo pelo esforço próprio, muitas vezes arruinando ou ferindo aqueles que se colocam à sua frente. É a semente que germinou desproporcionalmente e agora, planta adulta, ameaça sufocar as outras ou, na melhor das hipóteses, não deixa as outras crescerem com mais rapidez por lhes vedar o acesso ao sol dos bons sentimentos.

4º) Instrução. São Paulo é a cidade que mais oferece condições de instrução a seus habitantes. Instrução em todos os níveis e acessível a quase todas as camadas sociais. Pode-se dizer que daqui partiu a idéia de instrução em massas, da democratização da instrução. É um ponto altamente positivo da grande metrópole. E é pelas vias da instrução que Jesus, através do apóstolo Paulo, processará o equilíbrio da germinação e do crescimento das três outras sementes: trabalho, fé e amor.

Se pediu o apóstolo a Nóbrega que erigisse a cidade sobre as quatro colunas-mestras, não nos deixaria agora o amigo da gentilidade entregues aos próprios desequilíbrios. Se os seus fundamentos são expressão de sua vontade, logicamente atendendo às aspirações do Mestre, somos obrigados a reconhecer que já estará trabalhando para que a grande metrópole não padeça de atrofia por muito tempo.

E a ação do grande apóstolo já se vem fazendo sentir há algumas décadas. São Paulo é a maior cidade espírita do Brasil. Os livros espíritas são aqui vendidos em grande quantidade. A instrução espírita, através de escolas e cursos regulares, está em franco desenvolvimento. O Espiritismo, pela instrução contida nos livros evangélicos, tem e continua a motivar a construção de um sem-número de obras sociais. Tem, até, incentivado profitentes de outras religiões a se entregarem à tarefa de assistência ao próximo em maior profundidade.

A instrução espírita é, portanto, um dos instrumentos fundamentais com que conta hoje o Plano Espiritual a fim de nos levar a harmonizar, na mesma altura, as quatro colunas-mestras dos fundamentos místicos de São Paulo: amor, fé, trabalho e instrução.

37
LIÇÃO PARA MÉDIUNS

"*E*le pensa que, vindo aqui ao centro, conseguirá livrar-se da mediunidade. Mas, está muito enganado; enquanto não se conscientizar de que mediunidade é ferramenta de trabalho, continuará sofrendo perturbações de toda ordem."

Assim se expressou um Espírito obsessor com referência à pessoa que vinha obsediando. E acrescentou:

"O que lhe tem valido muito é o seu comportamento moral; o bem que tem feito a muitas pessoas. Se não fosse isso, há muito tempo já estaria num sanatório de loucos. Não sei porque, mas não consigo penetrar mais em seu psiquismo, como é realmente de meu gosto. Parece que a sua moral forma uma espécie de carapaça protetora ao seu redor".

São palavras de um Espírito desencarnado de um certo grau de inteligência, mas de pouco ou nenhum sentimento. Entretanto, comprovam duas grandes verdades, adotadas pelo Espiritismo:

1ª) Mediunidade é faculdade do Espírito humano. Certas pessoas (conhecidas como médiuns, propriamente) receberam essa faculdade em maior grau. E se a receberam, não o foi para se divertirem ou dela se esquivarem; é para a utilizarem devidamente disciplinada, para a assistência espiritual ao próximo. Para trabalhos de desobsessão, trabalhos de cura, de esclarecimento. Ninguém foge de si mesmo; mediunidade é faculdade do Espírito encarnado e, portanto, dela não se foge.

Que fazer, então? Uma coisa é certa: de nada adiantará nos revoltarmos contra essa faculdade; se Deus a concedeu é porque dela muito necessitamos para a própria elevação, para não voltarmos aos abismos de nossas vidas anteriores. Não que aqueles que não tenham esta faculdade sejam bonzinhos e santos: têm outros instrumentos de aprimoramento espiritual. Ao médium, contudo, a ferramenta é a mediunidade. Deve, por isso, estudar a doutrina espírita que lhe fornece todas as instruções para o exercício equilibrado e suave de faculdade mediúnica. Se continuar fugindo, seu sofrimento aumentará; é uma antena exposta a todo tipo de manifestação espiritual. Precisa aprender a usar essa antena com método.

2ª) As palavras do Espírito, revelando experiência própria, confirmam o grande poder da caridade. A força moral do indivíduo, por causa de seus atos e pensamentos voltados para o bem, lhe dão grande proteção. Poderíamos aqui dizer que homem de "corpo fechado" é aquele que pratica a caridade; não conhecemos outra forma de "fechamento de corpo".

Entretanto, a caridade, no caso de médium em questão, não é suficiente para livrá-lo da perturbação. É claro que atenua bastante o efeito pernicioso da atuação espiritual. Precisa ele dirigir a caridade para um campo mais definido, campo esse indicado pela natureza da ferramenta que recebeu: a mediunidade.

38

COMO VENCER FRUSTRAÇÕES

*M*uitas vezes nos defrontamos com um problema que, mais por comodidade, julgamos insolúvel. É comum percebermos em nós vícios que sabemos altamente prejudiciais à nossa evolução, mas nos achamos incapazes de superá-los. Referimo-nos mais especificamente a vícios morais ou espirituais, quais sejam: o egoísmo, a inveja, o ciúme, a maledicência.

Há dias, conversando com uma senhora que, juntamente com o esposo, cuida de crianças abandonadas como se fossem seus próprios filhos, pudemos aprender alguns exemplos vivos de superação de problemas que nos afligem o coração. De início queremos deixar bem claro que não se trata de pessoas de grande posse material; o marido é funcionário público, com salário da ordem de 600 cruzeiros mensais. E cuidam, com o maior carinho, de algumas dezenas de crianças. Carinho que pode ser testemunhado por quem se propuser conhecê-los. Evidentemente, não vamos aqui destacar os nomes porque a humildade do casal, e principalmente da mulher, nos proíbe de fazê-lo, para relatar os fatos seguintes. A quem estiver interessado em conhecê-los de perto, forneceremos o endereço.

Dizia-nos a mulher: "Eu nunca tive jeito para cuidar de velhos, principalmente pessoas idosas e doentes. Achava mesmo que, se um dia tivesse de me dedicar a este trabalho, fracassaria". Pois, a oportunidade de aprender a cuidar de velhos doentes ocorreu dentro de sua própria casa. O velho pai, com mais de 80 anos, permaneceu vários meses imobilizado no leito, e ela, filha única, teve de lhe devotar os maiores carinhos. Na época da doença do pai já estava com mais de 20 crianças em casa, mas viu aí a oportunidade de superar a barreira que sentia com relação aos velhinhos. Dedicou-se de corpo e alma a cuidar do pai, aceitando com naturalidade todas as ranzinzices próprias das pessoas doentes e idosas. Aceitou e aproveitou a lição: passou a entender os velhos. "Hoje — disse-nos — estou habilitada a cuidar do Lar dos Velhinhos, que eu e meu marido pretendemos instalar, ao lado da nossa casa."

Um outro exemplo. Há muito tempo, quando ainda não havia iniciado o trabalho de assistência às crianças abandonadas, ela sentia uma certa dificuldade de se aproximar das pessoas de cor. "Achei que devia me esforçar ao máximo para superar essa dificuldade; afinal, somos todos irmãos e não há razão para não aceitarmos qualquer um de nossos semelhantes." A solução por ela encontrada foi a mais espetacular que conhecemos e a mais prática também.

Como precisava de uma empregada, soube que uma velha senhora de cor estava desempregada e com grande dificuldade de arranjar quem contratasse seus serviços. Na realidade era uma velha preta, já com uns sessenta anos, doente, que trabalhara para muitos patrões. Agora , quase imprestável, ninguém a queria como empregada. Quando a senhora de que estamos falando soube das dificuldades da velha preta, não hesitou; viu sua chance de superar a própria deficiência.

Contratou a mulher como empregada. "Na realidade — diz ela — não era empregada coisa nenhuma. Ela estava muito doente e ranzinza; não podia mais trabalhar. Mas eu a animava, fazia programas para sairmos juntas e sempre que um motivo aparecia eu a abraçava e beijava". E, dessa forma, foi superando a dificuldade que sentia de se aproximar das pessoas de cor. Enfrentando diretamente o problema; sem fuga nem escamoteações.

Hoje, em seu lar, há várias crianças de cor. De idades variadas. Todas recebem o carinho de filho. Ela reconhece o grande benefício que a velha preta, ranzinza e doente, lhe prestou: ensinou-lhe a prática da fraternidade.

Quantas manifestações demagógicas, da boca para fora, assistimos com respeito à fraternidade universal! Quantas palavras gastas, quanta tinta consumida, para pregação de um princípio natural: o da união dos povos e das raças! E quão pouca coisa foi feita até agora na prática!

39

A HISTÓRIA DA VAQUINHA QUE MORREU

*C*onta-se que num vilarejo do interior, num casebre, vivia uma família muito pobre. Pai, mãe e oito filhos. Uma vida cheia de privações, sem nenhum conforto e pouca coisa para comer. Tinham uma vaquinha que dava uns bons litros de leite, parte utilizada para alimentar as crianças menores e parte vendida na vila, para ser transformada em dinheiro destinado à compra de alguns poucos gêneros. E assim ia vivendo essa pobre família.

Espíritos amigos, entretanto, estavam muito preocupados e tristes com a situação de penúria de seus protegidos encarnados. Por isso, esses Espíritos, certo dia, dirigiram-se a seus superiores hierárquicos, no plano espiritual, solicitando-lhes que interferissem para que fosse melhorada a situação dessa família. Isto é, solicitaram uma intercessão em favor de seus amigos. Os Espíritos superiores prometeram analisar a situação e tomar as providências que o caso exigia.

Foi assim que, passados alguns dias, a vaquinha morreu. Os Espíritos amigos, estupefatos com esse acontecimento infeliz, imediatamente voltaram a seus superiores, relatando o ocorrido. E obtiveram destes a explicação: "vocês pediram que ajudássemos essa família; nós estudamos detidamente a situação e achamos que a melhor coisa a ser feita era a retirada da vaca de cena. Agora a situação vai se modificar."

E, realmente, sem a vaquinha que a mantinha na estagnação, a família começou a pensar em novos meios de sustento. Acabou descobrindo, obrigada pelas circunstâncias, uma série de iniciativas que a levou a melhorar rapidamente de vida. Tempos depois, o casebre já era uma boa casa de alvenaria e, ao seu redor, tudo denotava trabalho e ordem. Mudara a vida da família, premida pela morte da vaquinha.

Não sei se esta é uma história verídica, mas tem todos os elementos para ser real. Desde a situação de penúria (e quantas famílias estão nessa situação) até o pedido de intercessão ao plano espiritual superior, para melhorar a vida pessoal. Pedido esse que é feito aos milhares e que os milhares de pedintes esperam ver atendido pela lei do menor esforço.

Realmente, muita gente tem uma vaquinha que passa a se constituir num verdadeiro ponto de acomodação. Só entendem a ajuda quando esta vem somar-se à produção da vaquinha, isto é, quando o auxílio vem apenas colaborar para a continuação de seu ritmo enferrujado. Aliás, essa forma de auxílio (que ajuda a manter a inércia) é o tipo de ajuda que jamais terá a concordância de um Espírito superior. Para os Espíritos elevados — que analisam a situação sob um todo e não apenas sob o aspecto do "hoje" — só é válida a ajuda que estimula a iniciativa, o movimento, de quem está sendo ajudado. É o que chamamos a caridade que ajuda a dispensar a caridade; é a caridade que liberta o indivíduo da miséria e não que o mantém sempre aprisionado à miséria. Que o mantém sempre aprisionado à vaquinha.

Temos numerosos exemplos de pessoas que, a partir do momento em que o auxílio passou a lhes ser prestado de forma a estimular-lhes a iniciativa, começaram uma caminhada de progresso e jamais voltaram a necessitar de ajuda. Temos um amigo que, quando chegou a São Paulo vindo do interior, há 15 anos, ficou assustado em perder-se com o seu carro nas ruas da grande capital e, para ir ao serviço, fez um amigo precedê-lo em outro carro, durante muitos dias seguidos, até ele gravar bem o trajeto. Quando a rota estava bem fixada pelo meu amigo — e que só fixara sua atenção naquele caminho — ele dispensou o seu "guia" e passou a dirigir seu carro de casa até o serviço e vice-versa, sempre pelo mesmo caminho.

Acontece que um dia a Prefeitura resolveu tapar os buracos de uma das ruas do trajeto e interrompeu a via, desviando o trânsito para algumas paralelas e transversais. Meu amigo ficou desesperado, mas como tinha de chegar ao serviço na hora certa, foi perguntando aqui e ali, e chegou são e salvo ao escritório. A partir desse dia, ele descobriu que existiam muitas ruas que o levariam ao serviço e não apenas o trajeto tão penosamente gravado e que ele julgava ser o único.

Foi preciso um "acidente" no trajeto para que o meu amigo descobrisse dezenas de outras saídas. Isso é um procedimento normal do ser humano; temos uma tendência muito grande de nos acomodarmos e de achar que, fora de nossa rotina, nada nos será bom ou favorável. Até que chega a ajuda em forma de acidente ou de um fato desagradável, para nos alertar que temos muitas possibilidades em nós mesmos que não estavam sendo aproveitadas.

40
FALAR PARA QUEM QUER OUVIR

O espírita não deve ter a preocupação de converter quem quer que seja. Deve, isto sim, preocupar-se em informar tudo sobre a Doutrina, desde que lhe solicitem informações. Deve, na medida de seus conhecimentos, dar explicações baseadas na lógica doutrinária aos problemas e aflições que seu semelhante lhe apresentar. Nunca, porém, dizer: "faça assim, que você vai melhorar". Dar ao semelhante as informações simples e corretas, que poderão ser utilizadas por ele em benefício próprio; se **ele quiser**. Se a pessoa que nos pede informações e dados achar que nossa resposta — a explicação da Doutrina — não lhe serve, é um direito que não devemos, nem podemos, tomar-lhe. A responsabilidade de melhorar ou piorar de vida é intransferível; cabe a cada indivíduo. Ao espírita cabe tão-somente fornecer às pessoas os elementos necessários à tomada consciente dessa responsabilidade; daí para a frente, o trabalho é do próprio indivíduo.

Jesus, quando ensinava à multidão em geral ou a pessoas em particular, nunca disse: "não faça isto, que lhe acontecerá aquilo". Sempre propunha parábolas, que são as melhores formas de estimular o raciocínio e de não ferir o livre-arbítrio de ninguém. Dizia, por exemplo: "havia uma pessoa que agiu desta ou daquela forma e lhe aconteceu isto ou aquilo". Cada um que vestisse a carapuça. Cada qual que fizesse as analogias, se colocasse no lugar do cidadão referido na parábola, e tomasse as decisões que melhor achasse acertadas para o seu caso. O desfecho daquele procedimento, Jesus já lhe havia dito pela parábola. Cabia ao ouvinte agir. Jesus nunca o impediria de proceder como melhor lhe aprouvesse. Entretanto, após ouvir a parábola, o ouvinte já estava informado das conseqüências; se continuasse no caminho errado, seria muito mais responsável. "Não foi por falta de aviso", como se costuma dizer aos amigos que erram.

A divulgação espírita deve, portanto, preocupar-se em informar, esclarecer. Não deve se preocupar com quantidade, mas com qualidade. Não deve ir buscar ninguém que não esteja interessado no Espiritismo, mas fazer todo o possível para esclarecer aqueles que vão ao seu encontro. Nunca fugir às explicações diante daqueles que procuram o Espiritismo; nunca se preocupar em perder tempo com aqueles que não se interessam em ouvir nada sobre a Doutrina. "Não dar pérolas aos porcos" é também um ensinamento evangélico. Os porcos nunca saberão o que fazer com as pérolas: é um presente muito requintado para quem só se preocupa em comer. E que não escolhe a qualidade da comida; contenta-se até com detritos. Não perder tempo, entretanto, em convencer alguém, enquanto muitos estão à nossa espera, ansiosos para ouvir explicações, para serem consolados pelo ensinamento evangélico.

O orador espírita deve também preocupar-se em levar sua mensagem para a média das pessoas. Não muito elevado, mas também não muito rasteiro para não confundir as inteligências que estão exatamente lutando para sair do lodo. Ter o bom senso para avaliar a capacidade de apreensão e compreensão do auditório, é responsabilidade de todo orador espírita. Não falar muito em citações evangélicas, *ipsis literis*, mas utilizar a essência de tais citações, aplicando-a a fatos de nossos dias, a eventos ligados à vida da média do auditório. Pois é preciso ter em mente também penetrar o entendimento dos ouvintes daquela época; sua essência é perene e universal, mas sua vestimenta, a forma, é transitória e mortal — morre com a mudança dos costumes. Deve, portanto, o orador "vestir" a essência evangélica com motivos atuais e próximos de todos os seus ouvintes. Do contrário, a palestra soará falsa, soará de uma erudição ridícula. É o caso de falarmos, por exemplo, na linguagem bíblica, com todos os "vós" e os "ides". Numa palestra informal, essa preocupação gera frases ridículas.

Se a multidão vem até um Centro Espírita, é importante saber o que realmente ela quer. Tomar nas mãos o material que ela nos oferece; o material de suas preocupações e aflições. E, assim, jogar inicialmente a tábua para aquele que está se afogando a fim de trazê-lo à margem. A seguir, se o candidato ao afogamento estiver realmente interessado, ensiná-lo a nadar, pois todos terão de aprender a nadar para vencer as correntes do rio da Vida. Mas, muitos não se sentem "maduros" para entrar na escola de natação; preferem sofrer mais algumas experiências de afogamento. Porém devemos estar sempre prontos a lhes jogar a tábua mais uma vez e, também, mais uma vez a lhes respeitar o livre-arbítrio.

41
A ALEGRIA DO RELIGIOSO

É incrível, mas temos encontrado muita gente que acha incompatível a coexistência dos sentimentos de religião e de alegria numa só pessoa. "O indivíduo religioso é um desmancha prazeres", costuma-se pensar.

É claro que existem aqueles religiosos — de todas as crenças — fanáticos e intolerantes. São indivíduos que "vestiram" a religião como uma grossa carapaça; quando, na realidade, a religião deve ser o sangue a vitalizar a personalidade, a projetar o indivíduo ao encontro de seu semelhante. Existem, sim, tais pessoas que se dizem religiosas. Pessoas cheias de amargura, que, a pretexto de uma falsa auto-santificação, transformam num inferno a vida de seus familiares e amigos próximos. Egoístas, jamais religiosos.

Religião é, acima de tudo, transmissão de alegria. E, para transmitir alguma coisa, precisamos possuí-la em grande quantidade. Cada qual dá aquilo de que tem cheio o coração — é uma expressão evangélica pouco lembrada. Se cultivarmos a carranca, a amargura, jamais conseguiremos transmitir alegria. Se cultivarmos perenemente a censura à sociedade, nunca poderemos transmitir fraternidade e jamais poderemos transmitir valores nobres, já que só identificamos fatos censuráveis de acordo com a nossa moral particular.

Já ouvi alguém dizer que Jesus nunca foi visto sorrindo. Uma dedução particular para justificar a carranca própria! Faço, então, uma ponderação: mesmo acreditando-se que Jesus nunca foi visto sorrindo, é muita pretensão nossa querer segui-lo nessa particularidade. Pretensão ou infantilidade. Ou comodismo. Porque os carrancudos não são capazes de seguir a essência do ensinamento cristão: amar o próximo como a si mesmo. Uma vez que o sorriso faz parte da afabilidade, da doçura, do trato humano.

Mas, então, se Jesus não sorria, ele não externava amor pelas criaturas? Ora, mais uma vez voltamos à comparação inadmissível. Jesus é um Espírito de alta envergadura e seu amor por nós já é um sentimento natural e profundo, e não fruto do sorriso. Poder-se-ía dizer que o sentimento amoroso de Jesus, que abrange a Terra toda, é um sorriso permanente nos confortando e aliviando nossas tensões. O que se nota no homem carrancudo, entretanto, é expressão de amargura, reprovação por tudo o que é alegria, isto é, uma extraordinária incapacidade de amar. E uma extraordinária capacidade de estragar alegrias alheias.

O sorriso, a alegria, é um poderoso instrumento de comunicação com o nosso próximo. É uma arma de aproximação dos homens. Não significa isto que devemos ficar sorrindo sempre; é claro que há ocasiões que exigem rosto fechado para não sermos levados à conta de mal-educados. E não nos referimos, também, à alegria adquirida artificialmente, através de meios químicos que chegam até a provocar reações alucinógenas; nem, tampouco, ao deboche decorrente dos procedimentos indecorosos ou de anedotas chulas. Distinguimos a alegria espontânea e sadia, do sarcasmo ou da gargalhada debochada.

O religioso, e o espírita em particular, deve ser alegre. Deve cultivar a alegria. Deve eliminar de si aquela atitude de imagem de barro ou de louça, somos homens colocados entre outros homens. O cristão é o sal da Terra — disse Jesus. E o sal dá sabor aos alimentos sem perder as características próprias. Devemos, portanto, dar alegria de viver aos outros homens, sem, contudo, descermos ao abismo da imitação chula ou do exibicionismo barato.

Devemos cultivar alegria para transplantá-la em outros corações. Ou nos sentimos felizes como religiosos e nos esfoçamos por transmitir essa felicidade ao nosso semelhante, ou estaremos nos torturando e tentando dar aos outros uma idéia de religião baseada tão-somente no nosso fel interior.

42
MÉDIUNS E DOUTRINA ESPÍRITA

É bastante comum ouvirmos a pergunta: "Você é médium?" — quando revelamos nossa condição de espírita a algum amigo. Acreditamos, mesmo, que é uma crença um tanto generalizada de que espírita tem de ser médium. Cabe aqui, portanto, uma definição, um esclarecimento.

Médium é todo aquele indivíduo que, por condições especiais (orgânicas e espirituais) serve de intermediário entre o Plano Espiritual e o Plano Físico. Pode ser espírita, católico, maometano, de qualquer religião, enfim. Pode até não ter religião nenhuma, mas ser instrumento do fenômeno mediúnico: um fenômeno que já foi comprovado pela observação, pela pesquisa, pelos métodos científicos. A mediunidade é a-religiosa; pode manifestar-se em qualquer lugar.

Espírita é aquele indivíduo que adotou os princípios da Doutrina Espírita, codificados por Allan Kardec. Esses princípios são bastante simples porque estão ao alcance de qualquer pessoa — pobre, rica, letrada ou iletrada. Dizem respeito, basicamente, à reforma interior do ser humano, reforma que se deve processar tendo por base apenas um modelo: Jesus. O que a Doutrina Espírita explica, e comprova por fatos, é porque deve o indivíduo reformar seu comportamento seguindo o modelo cristão. Ela explica o que acontece ao indivíduo que adotou uma religião apenas por fora, por convenção social, mas no íntimo permaneceu bruto e insensível. Enfim, Espiritismo se resume em uma magistral frase de Kardec: "Fora da Caridade não há Salvação". Uma afirmação que mostra a universalidade da Doutrina, não a limitando entre apertadas paralelas.

Portanto, aí estão duas definições: médium e espírita. Logo pode-se concluir que existem médiuns espíritas e médiuns não-espíritas; como também, é o que ocorre com a grande maioria, que espírita não é médium. A Doutrina Espírita fornece ao estudioso armas e instrumentos para controle da manifestação mediúnica, isto é, para diferençar uma manifestação falsa (mistificação) de uma verdadeira, onde realmente há um Espírito comunicante.

É de Allan Kardec a afirmação: "é preferível recusar noventa e nove verdades a aceitar uma mentira", com referência às mensagens vindas por via mediúnica. É o próprio codificador da Doutrina que, alertado pelos Espíritos, relembrou a advertência lançada por São João: "Amados, não creais em todos os Espíritos".

O Espiritismo estudou a mediunidade a fundo, já que esta é uma manifestação de que se tem notícia desde o Egito Antigo. O Espiritismo utilizou o concurso de médiuns para se transformar em doutrina codificada, mas, no próprio corpo dessa doutrina, o estudioso sem preconceitos encontrará elementos suficientes para desmascarar qualquer pretensa manifestação mediúnica. Encontrará elementos também para distinguir se o Espírito comunicante — quando há realmente Espírito comunicante — é de moral elevada ou é apenas um pseudosábio, um enganador. Sabe o estudioso da Doutrina Espírita que os Espíritos que estão no Espaço têm os mesmos defeitos, os mesmos vícios e as mesmas virtudes dos homens — pois a simples condição de estarem desencarnados não lhes dá acesso às virtudes que não adquiriram.

O médium que é espírita sabe que deve melhorar-se a cada dia, para poder manter contato com Espíritos voltados para o Bem coletivo, que farão instrumento de bondade. Muitos Centros Espíritas mantêm cursos denominados "Escola de Médiuns", onde o indivíduo que possui dons mediúnicos é instruído de forma a exercer a mediunidade sempre em benefício do próximo, mas, antes de tudo, é concitado a evangelizar-se para que possa realmente conquistar a simpatia dos bons Espíritos.

43
O "CHEFE" DO ESPIRITISMO

*M*uita gente encontra dificuldades em entender o Espiritismo como religião porque não consegue admitir uma religião sem chefe e sem dogmas ou rituais. Importante, a propósito, esclarecer a questão da chefia no Espiritismo; chefia entendida como direção, um organismo que traça normas de conduta para os profitentes.

Essa chefia, a figura do chefe, não existe no Espiritismo. E nunca poderá existir. Quem manda no Espiritismo são os Espíritos, que, como instrumentos de Deus divulgaram por toda a Terra conhecimentos de profundas repercussões morais, que foram codificadas em Doutrina por Allan Kardec. O próprio Allan Kardec não é o fundador da Doutrina; seu trabalho foi o de dar um corpo racional às milhares de mensagens que chegavam do Plano Espiritual. Os próprios Espíritos autores das mensagens que deram base à Codificação fizeram questão de manter-se no anonimato, preferindo não dar nomes, com raríssimas exceções, quando havia necessidade de uma comprovação.

Existem, para nortear o Espiritismo, as chamadas obras básicas da Codificação, que são *O Livro dos Espíritos*, *O Livro dos Médiuns*, *O Evangelho segundo o Espiritismo*, *A Justiça Divina segundo o Espiritismo* e *A Gênese*. Essas foram obras publicadas por Allan Kardec a partir da análise e crítica das mensagens espirituais, que chegavam através de médiuns. São obras que apresentam os alicerces da Doutrina, pois, conforme o próprio Kardec afirmou, a evolução da humanidade irá permitir a construção de todo o edifício. Do ponto de vista religioso, estamos ainda chafurdando na terra, onde a grande maioria não encontrou nem os alicerces.

Muitos poderão perguntar: se não há chefe, a quem se dirigir para saber se estamos agindo corretamente? A resposta, por ser muito simples, ainda preocupa muita gente, inclusive muitos que se dizem espíritas. Ela deve ser buscada na própria base do Cristianismo: a figura de Jesus. Foi Ele quem afirmou: "Eu sou o caminho, a verdade e a vida". Logo, todo procedimento que não se enquadrar dentro dos princípios cristãos estará fatalmente errado e será danoso para nós próprios; será danoso para o nosso "eu" imortal. E quando dizemos Cristianismo poderíamos dizer Budismo, Islamismo, Bramanismo e tantas outras religiões. O Cristianismo a que nos referimos é a essência, a ética cristã, a moral evangélica, que se resumem praticamente numa afirmação: "Faça a seu semelhante aquilo que gostaria que fizessem a você, se você estivesse nessa mesma situação".

O Espiritismo, por haver sido codificado a partir de uma série de manifestações que feriram os sentidos (manifestações físicas), chamou a atenção de boa parte da Humanidade. Entretanto, essa boa parte que se interessou pelo assunto, foi a ele movida pela curiosidade, pelo fenômeno. Muitos se fecharam em seus laboratórios e fizeram experimentações que os convenceram; a maioria, contudo, assistiu (e assiste) aos fenômenos apenas com o intuito de satisfazer simples curiosidade, muitas vezes alimentada por elevado índice de morbidez. Há aqueles, contudo, que viram os fenômenos e deles tiraram conclusões morais de longo alcance. Entre estes pioneiros podemos alinhar, além de Allan Kardec: Léon Denis e Gabriel Delanne, na França; Conan Doyle, na Inglaterra; Ernesto Bozzano, na Itália; Adolfo Bezerra de Menezes, no Brasil. E tantos outros, que compreenderam estar o Espiritismo divulgando uma mensagem de grande profundidade e de relevante importância para a regeneração da humanidade.

Todos esses pioneiros ajudaram a colocar pedras no alicerce da Doutrina. Nenhum deles se constitui em chefe; foram apenas estudiosos, pessoas interessadas em divulgar verdades que alcançaram através do estudo e da análise. Legaram uma Doutrina que exige de seu adepto constante renovação interior e, principalmente, grande bom-senso. Bom-senso para discernir quais são as mensagens que estão de acordo com a razão e quais são aquelas que repugnam a razão. O que repugna à razão é repugnante para o Espiritismo. Por isso que, se o Espiritismo tivesse um chefe, mesmo que eleito numa assembléia, estaria sujeito a decisões de um homem, que, se na maioria das vezes são acertadas, são passíveis de erro em outras.

O Espiritismo é dirigido pela consciência de cada um. É evidente que aquele que tiver melhor estudado a Doutrina tem maior obrigação de exemplificar, de esclarecer; nunca de mandar. Pois se, como disse o Cristo, a cada qual será dado segundo suas próprias obras, para pessoa mais esclarecida Jesus deixou a mensagem: "Muito será pedido a quem muito foi dado". Portanto, a questão de chefia do Espiritismo é um assunto já resolvido há dois mil anos, quando Jesus esteve encarnado na Terra.

44

PARA UM AMIGO TRISTE

*V*ocê me diz que vive irritado e inseguro; triste e vazio. E no entanto é o tipo de homem "bem colocado" na vida, com excelente posição social e ótima situação financeira. É o tipo de homem "bem casado"; possui uma esposa que o ama e que é também muito amada por você. Com dois filhos que recebem todo o carinho de ambos.

"Vou a festas, passeios, programas de diversão e não me divirto; quando tudo é alegria em volta de mim, eu estou interiormente triste. Às vezes estou até exteriormente alegre, dando a impressão de participação. Mas, por dentro, tudo é angústia, tristeza, insegurança. Quanto maior a alegria circundante, maior a minha tristeza íntima. Se ao menos eu tivesse alguma razão aparente; se fosse necessitado de recursos, se não tivesse o apoio da mulher e dos filhos. No entanto, tenho tudo isso."

Você me diz que não tem nenhuma preocupação de ordem religiosa. "Meus pais são religiosos, mas não vejo porque deva me submeter a uma série de proibições da religião deles. Isso só viria aumentar minhas aflições íntimas. Francamente, não sei porque deva cultivar alguma religião; não acho que Deus se preocuparia mais comigo caso adotasse uma religião."

Meu caro amigo, você está precisando urgentemente de uma religião. Toda essa irritação, insegurança, tristeza e vazio denotam que, intimamente, você está à procura de alguma coisa que não sabe o que é. Se essa procura lhe causa tudo isso, é algo muito importante que você está buscando. Não acho que, conscientemente, você concorde comigo. O orgulho e o amor próprio o impedirão de concordar. Mas, creia, isso tudo é uma busca. Só que até agora você não se dispôs a sair de seu castelo para o encontro; você está em curto-circuito.

Eu o convido a pesquisar no campo religioso, em benefício próprio. Eu o convido a analisar os benefícios, em você mesmo, do estudo e da prática de uma religião racional e objetiva como o Espiritismo. Uma religião que não tem proibições; apenas esclarecimentos. Uma religião de respostas às recalcadas indagações de seu Espírito insatisfeito. Comece, meu amigo, a ler *O Evangelho segundo o Espiritismo*, um livro que reúne os ensinamentos de elevada moral e consolo de Jesus, comentados pelos Espíritos Superiores. Leia e analise. E julgue você mesmo.

Deus preocupa-se com todos os seus filhos. E todos nós somos seus filhos. Não é o fato de um homem professar esta ou aquela religião que terá maior ou menor preferência do Amor Divino. Importa que o homem seja fraterno, simples e caritativo. Estas são características que podem ser assumidas por qualquer pessoa, de qualquer religião, de qualquer condição social. Entretanto, importa ir ao encontro do Criador, abrir-se ao Seu amor. Se não alimentarmos nenhuma preocupação religiosa, estaremos fechados a Ele. Embora Ele continue nos amando e tentando nos ajudar da melhor forma possível.

Deus está a seu lado, meu amigo. Abra o seu coração a Ele e sinta a paz, a segurança e a alegria. Comece agora a tomar o remédio para o seu mal íntimo: busque uma religião que esclareça. Uma religião que o ajude a abrir-se melhor para Deus e a continuar a viver entre os homens. Uma religião que não quer o seu isolamento, mas a sua integração alegre e fraterna no seio da sociedade. Comece hoje a ler *O Evangelho segundo o Espiritismo*.

45

KARDEC "REENCARNADO"

*U*m amigo que agora está se iniciando na Doutrina Espírita há dias segredou-me no ouvido:

— Você sabia que Kardec já está reencarnado? E está aqui no Brasil?

Não, eu não sabia. Ninguém sabe, a não ser algumas pessoas que se dizem "bem informadas" pelo Plano Espiritual Superior. Como se o Plano Espiritual Superior fosse fofoqueiro e vivesse procurando gente disposta a ouvir as últimas.

É preciso tomar muito cuidado com essas histórias de que fulano ou sicrano (sempre gente de grande expressão no passado) está hoje aqui reencarnada. É claro que os grandes homens do passado devem ter ainda ligações com a Terra — para expiação, evolução ou missão — e se não estão, aprontam-se para aqui reencarnar, já que a reencarnação é uma lei natural.

Mas, entre dizer-se que a reencarnação é lei natural e apontar-se este ou aquele como sendo esta ou aquela celebridade do passado, vai um grande passo. Sendo a reencarnação um véu sobre o passado, por que esta preocupação — diríamos doentia até — de estar fofocando o pretérito espiritual desta ou daquela criatura?

Ora, se Kardec está reencarnado, um dia saberemos. Não porque ele venha a público dizer: "Ouvi-me, sou Allan Kardec", mas pelas obras que fizer. Pelo impulso que sua atuação der à humanidade, rumo a uma espiritualização mais eficiente.

Aliás, se todos que se preocupam em saber se Kardec ou Emmanuel já reencarnaram, tivessem suas preocupações voltadas para o trabalho e a vivência da Doutrina Espírita, talvez até o Mundo Espiritual dispensasse nova encarnação desses valorosos Espíritos aqui na Terra! Pois, com tanta gente dando exemplo de Espiritismo, o planeta teria um avanço mais rápido e menos sofrido.

O Espírito elevado que reencarna aqui na Terra procura ocultar-se sempre no anonimato, para que tenha condições de lançar calmamente as bases de seu novo trabalho ou as projeções para continuidade do trabalho por ele iniciado em vida anterior. A serenidade e o anonimato são condições essenciais para realizações de longo alcance. Os homens vão aos poucos descobrindo seu valor e, muitas vezes, só o descobrem quando o Espírito já retornou à pátria espiritual pelas vias do desencarne natural.

Não nos iludamos: grandes Espíritos não precisam ser anunciados pelas nossas trombetas. Anunciam-se por si mesmos, pela luz da própria exemplificação.

Se alguém te procurar, amigo leitor, e te disser que Kardec está reencarnado e é fulano de tal, não acredites, mas não discutas com o informante; convida-o a te acompanhar a um lugar onde a miséria campeia e dá-lhe oportunidade de trabalho. É possível que, assim, teu informante sinta que Kardec é para ser vivido por nós através de lema: "Fora da caridade não há salvação".

46

JESUS, O MAIOR ECOLOGISTA

Não entendemos certas pessoas que, hoje, estão à espera de que amanhã o mundo seja melhor, sem contudo despender nenhum esforço pessoal para essa esperada e justa melhoria. Pessoas que acreditam em mágicas e não em trabalho; acreditam em milagres em benefício da humanidade, sem a participação dessa mesma humanidade. Pessoas que pensam e agem como crianças, que, na lógica da idade infantil, criam fantasias resolvendo todos os problemas que os próprios pais não conseguem resolver ou superar.

Entretanto, é preciso que fique claro que a Terra só se tornará melhor com a melhoria de seus habitantes. Pois o que faz o nosso planeta bom ou mau são os homens e não a Geologia ou a Geografia. Estas são ciências que estudam e ajudam a solucionar problemas naturais, cuja solução fica inteiramente na mão dos homens. Como agora a Ecologia, que procura melhorar o meio ambiente. Por que o nosso meio ambiente está se poluindo? Será por causa de um passe de mágica da natureza? Não, está se poluindo pura e simplesmente porque o homem o está poluindo; o homem, esse egoísta, que só pensou em si mesmo, jogando detritos em cima dos outros. Procura livrar-se da sujeira própria jogando seu lixo sobre o vizinho. Acontece que a capacidade de "digestão" do vizinho é inferior ao lixo, e acaba sobrando sujeira para toda a humanidade. Ao passo que se o homem fosse menos egoísta — menos ávido de lucros — e despendesse um pouco de sua renda para melhorar o teor dos detritos industriais e humanos, hoje não teríamos a poluição.

É por isso que achamos ser a Ecologia — a ciência que estuda o meio ambiente — uma ciência mais voltada para a religião do que para os fatos objetivos em si. Sim, voltada para a religião, para ensinar o homem a respeitar o seu semelhante. A religião que nos ensina a não fazer a nossos semelhantes aquilo que não queremos para nós: "Amar o próximo como a si mesmo" — uma frase que foi dita há quase dois mil anos pelo maior ecologista até hoje conhecido: Jesus Cristo. Pois, se amarmos realmente o próximo como a nós mesmos, não poderemos poluir o meio ambiente. Reparem como gostamos de nós mesmos; já pensaram esse gesto, esse amor, ser encaminhado ao nosso próximo com a mesma intensidade? Seria a grande vitória da Ecologia, levando-se em conta ainda que o nosso próximo, além dos homens que nos rodeiam, engloba os animais e as plantas que nos servem e ajudam a manter o equilíbrio da vida.

E Ecologia não pode ser exercida por egoístas. É ciência de altruísmo; é Cristianismo praticado. Não entendemos o raciocínio daqueles que dizem: "agora estou trabalhando para dar conforto à minha família; quando tivermos uma situação assentada, vamos ajudar o próximo". Perguntamos: de que adiantará eu deixar minha família bem instalada e acomodada, no meio de um covil de lobos? Os uivos e as ameaças virão de toda parte, instalando o terror e o desconforto entre seus membros. Ao contrário, se desde já começo a dar o meu quinhão para melhoria de meus semelhantes, amanhã é possível que minha família tenha menos conforto particular mas não terá de viver apavorada defendendo-se dos lobos. E quando não houver mais lobos humanos, não haverá mais necessidade de conforto particular: todos serão realmente irmãos.

47
MANDAR, VIVER, COMPREENDER

*P*ara o estudioso das idéias religiosas que não se prender somente à letra dos ensinamentos, não será muito difícil tirar conclusões de grande proveito para a compreensão dos acontecimentos da atualidade. Justamente por não terem compreendido o Espírito desses ensinamentos é que muitas religiões, ou seitas, estão em decadência ou em descrédito; permaneceram com a forma e hoje têm em mãos apenas uma casca oca.

Vejamos, por exemplo, o tão decantado problema da falta de diálogo entre as gerações; da irreverência dos jovens e da intolerância dos adultos. Vamos começar por onde começava nossa formação cultural-religiosa: do Mosaísmo. De Moisés herdamos os Dez Mandamentos, que, queiramos ou não, fazem parte de nosso "eu", são o nosso freio interior e a base de todas as leis civis da civilização atual. Moisés mandava e exigia ser obedecido. Embora os Dez Mandamentos sejam de origem divina (sua durabilidade e universalidade comprovam essa origem), uma obra mediúnica, grande parte das leis ditadas por Moisés era de sua própria autoria. Mas, o legislador hebreu, para incutir respeito e temor ao povo, dizia ser Deus o autor de todas as suas leis; precisava impor autoridade a todo custo para manter unido todo o povo.

Moisés, portanto, ensinou a obediência, a disciplina. Lidou com a infância da humanidade, da qual se fez condutor. Mas não exemplificou seus próprios ensinamentos. O exemplo, o cumprimento da Lei, foi efetivado com Jesus. Foi o Mestre que, através do perdão, da tolerância e da compreensão deu testemunho dos estatutos divinos implantados por Moisés.

Temos, então, duas fases do progresso humano: da obediência e da vivência. Moisés e Jesus. Entretanto, como o próprio Jesus disse aos Apóstolos, muita informação ele deixaria de fornecer à humanidade na época de sua passagem pela terra, há quase dois mil anos. Porque a humanidade não estava no nível de compreensão de muitas verdades; era necessário ainda muitos anos de progresso, de lutas e sofrimentos.

A era da compreensão, do esclarecimento, chegou com o advento do Espiritismo. Não mais uma doutrina ou ensinamento baseado no raciocínio de um só homem, mas fundamentada na universalidade do ensino dos Espíritos superiores que se comunicavam em várias partes do mundo, através de médiuns diversos, transmitindo mensagens com a mesma essência. Ensinamentos que foram analisados e codificados por Allan Kardec — um homem que se preocupava com as **explicações** lógicas de uma série de fenômenos materiais inexplicados pela ciência oficial.

Seguindo a linha de nosso raciocínio, temos: era da obediência, da vivência e do esclarecimento. Pois, a sabedoria divina não poderia deixar o homem sofrer sem lhe proporcionar uma explicação para o seu sofrimento. Vivência esclarecida será muito melhor aproveitada do que vivência cega. Uma vida com finalidade clara e definida será vivida com muito mais resignação e alegria do que uma vida em que não se divisa um objetivo, um alvo.

O choque das gerações advém justamente da incompreensão dessas três fases da evolução cultural da humanidade. E da incompreensão dos postulados espíritas pela maioria dos homens. A grande maioria ainda está na fase **mosaica**: mandar ou obedecer. E acreditamos que há muito mais gente querendo mandar. Referimo-nos indistintamente a jovens e velhos, pois de nada adianta ser jovem em idade se nossa mente permanece na fase mosaica da evolução humana.

A grande maioria dos homens ainda não compreendeu que, para mandar, é preciso saber exemplificar. Para exemplificar é preciso compreender. O pai gostaria que o filho agisse honestamente, quando na realidade ele, pai, não age honestamente com quem de direito. Isto é, quer mandar mas não testemunhar. E há os que pretendem ter ingressado na era da vivência, da exemplificação, mas vivem amargurados com a própria situação. Estes infelizmente, estacionaram no exemplo e não buscaram explicações. Não procuraram as razões da exemplificação. Vivem como mártires, quando, na realidade, deveriam viver como felizes devedores a quem foi dada a grande oportunidade de saldar as dívidas.

Estamos, portanto, na era do esclarecimento. Do saber porque obedecer e para que exemplificar. Embora contra a vontade da grande maioria, estamos nessa era. E quanto mais insistamos em não reconhecê-la, mais ela nos oprimirá. É como um lago cuja nascente faz brotar água incessantemente; se não providenciarmos um sulco para canalizar a água, o lago transbordará e causará grandes estragos nas terras vizinhas. A era do esclarecimento exige esclarecimento; se continuarmos nos opondo à ordem natural do progresso, mantendo-nos na era mosaica, seremos fatalmente envolvidos por acontecimentos bastante desagradáveis.

Obediência, vivência e esclarecimento — as três fases da evolução cultural da humanidade. Moisés, Jesus e Espiritismo, seus três representantes. A humanidade sofredora — a grande massa estacionada na primeira fase. Aos espíritas, portanto, cabe a tarefa de exemplificar com raciocínio claro. E com humildade, pois sabe o espírita que será maior no plano espiritual aquele que mais servir a seu semelhante.

48
"CASAMENTOS ESPÍRITAS"

*R*ecente decisão judicial fez com que viesse à baila o chamado "casamento espírita" — uma aberração doutrinária. Aproveitando-se da opinião do magistrado, que se ateve apenas à questão legal do problema, saíram a campo alguns indivíduos pouco avisados ou mal-intencionados, tentando invalidar o Espiritismo como religião ou tachando-o de prática ritualista. Nem uma nem outra qualificação atinge a Doutrina.

Primeiramente, é bom esclarecer que o "casamento espírita", a que se referia a questão judicial, se tratava puramente de uma cerimônia de umbanda: um ritual misto de catolicismo, mediunismo e paganismo africano. Mas, como pouca gente procura conhecer realmente o assunto, confunde umbanda com Espiritismo. E o casamento passa a ser "espírita". Não que tenhamos algo contra os umbandistas; pelo contrário, conhecemos muito umbandista realmente evangelizado, totalmente voltado para o serviço do próximo. Apenas achamos desnecessária a prática de qualquer espécie de ritual, inclusive o ritual do casamento. Entretanto, temos de admitir que o homem, ainda bastante imperfeito, muitas vezes, para começar a crer, tem necessidade de imagens ou ritos; mas que, na medida em que se esclarece, chega espontaneamente a admitir a desnecessidade de tal simbolismo.

Então o Espiritismo é contra o casamento? Claro que não. É contra o ritualismo. Obedece à lei civil do país; ora, a lei exige o contrato matrimonial para validar o casamento: deve ser respeitada e acatada. Se um homem e uma mulher chegam a assinar um contrato matrimonial, deve-se admitir que pesaram muito bem os prós e os contras de tal ligação. E concluíram que seria benéfica para ambos e altamente compensadora para os filhos que advierem de tal casamento. O contrato matrimonial vem formalizar e legalizar os laços de afinidade ou de afetividade entre dois seres; não cria tais laços. Portanto, qualquer cerimônia religiosa também não seria mais que uma formalização.

Ora, o Espiritismo, que procura reviver a pureza do cristianismo primitivo, se apega à essência e não à forma. A essência, na questão do casamento, é a responsabilidade dos cônjuges que deve ser alicerçada no maior mandamento: "Amar a Deus sobre todas as coisas e ao próximo como a si mesmo". O próximo mais próximo de um cônjuge é exatamente o outro cônjuge. E quando falamos em amor, falamos em amor-essência e não amor-forma. Não o amor pelas formas harmoniosas do homem ou da mulher, a quem elegemos como cônjuge; essas formas vão se modificando com a idade e o amor baseado somente nelas irá se desfazendo junto. O amor-essência é aquele oriundo de afinidades profundas ou de renúncias maiores. Porque muitas vezes o cônjuge sente que não terá muita felicidade permanecendo ao lado do outro, mas, ao mesmo tempo, algo lhe diz no subconsciente que esta é uma ligação de resgate, necessária ao seu próprio equilíbrio espiritual: é preciso renunciar aos grandes momentos de felicidade.

Mas, poderão objetar: a cerimônia religiosa é a bênção de Deus para a união civil. Ora, seria fazer muito pouco de Deus, esperando que ele somente abençoasse aqueles que O procuram através dos ritos e das vestes apropriadas. Deus estará presente a todos os casamentos e abençoa todos os casamentos em que predomina o amor-essência, a renúncia ou a afinidade. Enquanto nos casamentos onde predominam os interesses materiais (beleza das formas ou esperança de heranças) acima dos interesses espirituais, a presença de Deus não será sentida, mesmo que se façam as mais imponentes cerimônias religiosas. Dissemos que a presença **não será sentida**, não porque o Criador não esteja presente, mas porque os cônjuges não estão realmente preocupados com a essência, com o amor duradouro, mas tão-somente com as formas, com as vantagens passageiras. Tão passageiras que ficam à porta do túmulo, ou, mesmo antes do túmulo, desaparecem logo aos primeiros vestígios da velhice.

Não existe casamento espírita, entendido como ritual. O Espiritismo aceita as leis de cada país, pois entende que são formas necessárias para disciplinar a sociedade. Entretanto, a Doutrina trabalha para que os homens, compreendendo-se e amando-se fraternalmente, sejam aos poucos exonerados de sofrerem as repressões decorrentes da transgressão das leis. E não será com ritos exteriores que atingiremos esse objetivo; será com o sacrifício do orgulho e da vaidade de cada um no altar de seu próprio coração.

49
INIMIGOS QUE SE AJUSTAM

*H*oje é uma criança de 12 anos de idade, deficiente mental, imóvel, presa ao leito de instituição beneficente onde recebe o mais extremado carinho.

Ontem, há quantos anos somente Deus sabe, numa outra encarnação, e vivendo na Europa no fim da Idade Média, era um príncipe, senhor de muitas terras e de muitos escravos.

E, como senhor, dispunha da vida de seus súditos como bem entendia. Por pequena revolta, ou por simples reivindicação, mandava matar pais de família. Na melhor das hipóteses, mandava surrar impiedosamente.

Assim, foi acumulando ódio sobre sua cabeça. As vítimas, encarnadas e desencarnadas, passaram a tramar vingança. Os encarnados, ainda sob seu jugo ou sob sua influência autoritária, passaram a estudar a melhor forma de desforrar-se de toda essa opressão.

E, um dia, quando o garoto, filho do príncipe, saiu do castelo para um passeio, foi agarrado e trucidado. Enforcaram-no numa árvore defronte o castelo, para que pudesse ser visto pelo pai que, arrogantemente, passeava sempre na varanda.

O príncipe, ferido em seus sentimentos mais íntimos e com a morte do filho inocente, desceu sua mão de ferro sobre os algozes do garoto. E todos foram enforcados.

Séculos se passaram. O príncipe e o chefe dos revoltosos que liderou o episódio que culminou com o enforcamento do garoto, reencarnaram e continuaram ligados pelos laços do ódio. Não souberam cultivar a paciência um para com o outro e continuaram caindo no abismo das desavenças.

Até que, novamente no plano espiritual, o príncipe recebe a visita carinhosa do filho que há séculos havia sido trucidado: é um Espírito bom, que perdoou a todos os seus verdugos. Fala de perdão ao pai. E o pai, vendo quem lhe fora muito caro e que julgara perdido para sempre, vendo-o envolto em luz, na luz dos Espíritos pacíficos, é tomado de profunda emoção e aceita trilhar um novo caminho. Um caminho de rudes provas e duras expiações.

Hoje é uma criança de 12 anos, deficiente mental, imobilizada numa cama. Renasceu sem lar, filho de pais separados, filho de uma mulher que não pôde sequer lhe dar a roupinha de bebê, dada a penúria em que vivia.

Está agora sob cuidados de uma instituição beneficente. Embora seu corpo esteja atrofiado e seu cérebro não funcione a contento, seu Espírito está feliz. Nota-se a felicidade em seu rosto. Nos momentos de sono do corpo, seu Espírito compreende o porquê do sofrimento, sabe que está expiando suas próprias culpas. E está feliz por sentir-se um devedor em fase de pagamento de velhas dívidas.

E o algoz do garoto?

Por muito tempo ainda rondou o antigo adversário. Ainda há dias podíamos vê-lo agredindo o ex-príncipe, hoje criança deficiente mental. Sua influência junto ao pequeno doente era tão forte que, muitas vezes, o doentinho entrava numa espécie de transe epilético sem causa médica justificada. Agarrava o pescoço do doente tentando asfixiá-lo, e suas vibrações levavam o desespero e o espasmo ao garoto acamado.

Até que, por intercessão de antigos Espíritos, ele pôde perceber o quanto de culpa também lhe cabia em todos os episódios pelos quais clamava justiça.

O Espírito do garoto por ele enforcado, envolto em luz e trazendo o perdão estampado no coração, veio ao seu encontro. Foi emocionante esse encontro: a vítima do passado, armada com o instrumento do perdão incondicional, vinha abraçá-lo e convidá-lo a reiniciar nova vida.

Hoje está meditando. E temos certeza de que, encorajado por amigos espirituais e pelo próprio amor de sua vítima do pretérito, tomará talvez a mais importante decisão de sua vida. Adotará o ato mais heróico que até hoje adotou: aceitará reencarnar em corpo deficiente mental.

50
ESPIRITISMO, INSTRUMENTO DE EXPERIÊNCIA DE CADA UM

Quando abraçamos um ideal que nos conforta e esclarece, logo queremos converter o mundo. Achamos que todos poderão ser confortados e esclarecidos pelo mesmo caminho. Entretanto, ignoramos os caminhos e as experiências que já foram trilhados e experimentados pelos outros, como todas as desilusões e angústias que foram sendo acumuladas. Cada qual vive a própria experiência e cabe a nós apenas indicar o caminho que nos serviu, no máximo colocar o nosso próximo no início dessa caminhada.

Não nos cabe ficar vigiando se o amigo seguirá o caminho que foi nossa redenção. Importa que lhe indiquemos o começo. Os passos cabem ao outro. Cada um caminha por seus próprios pés.

A parábola do Bom Samaritano é um bom exemplo de como agirmos. O homem caridoso da parábola colocou o ferido na estalagem, após haver-lhe feito os curativos nas feridas; entretanto, não ficou vigiando se ele passaria a ter cuidados de modo a não agravar mais os ferimentos.

O Bom Samaritano fez o seu papel, ajudando sem perguntar sequer o nome do assistido e deixando-lhe total liberdade de seguir caminhos seguros ou continuar trilhando estradas infestadas de assaltantes. Se agisse ao contrário, proibindo o homem de voltar à Estrada de Jericó, perigosa e traiçoeira, estaria escravizando o assistido ao seu próprio modo de ser.

Muitas vezes temos necessidade de aprender pelas nossas próprias experiências; e é total falta de caridade alguém nos impedir de caminharmos na estrada que escolhemos para nosso aprendizado. É justo apenas que alguém nos mostre que existe uma estalagem, um lugar mais seguro, apenas isso, pois, certamente depois de uma série de experiências desastrosas, procuraremos a estalagem indicada como porto seguro para o nosso barco destroçado pelas intempéries da vida. Importa, neste caso, que a estalagem esteja sempre aberta e ofereça a segurança, o conforto e o esclarecimento de que o náufrago esteja necessitando.

Assim deve ser nosso comportamento de espíritas, de cristãos. Não nos angustiarmos pelos amigos que não querem seguir os nossos conselhos em matéria de religião. Alegremo-nos por havermos encontrado o amparo e o esclarecimento na Doutrina Espírita e continuemos exemplificando, como a indicar aos amigos o começo da caminhada. E deixemos o restante para Deus e para o aprendizado de cada um.

51
PROFISSÃO E SACERDÓCIO

A profissão, qualquer que seja ela, é sempre um instrumento, uma ferramenta de trabalho, que o indivíduo tem nas mãos. Ela pode ser fator de elevação ou de queda espiritual; muitos acham, erradamente, que o fato de uma pessoa estar exercendo o que se convencionou chamar de uma profissão "humilde", já lhe dá condições de conquistar méritos espirituais.

Nada disso; pode o indivíduo exercer a mais pesada das profissões, mas, se a exercer revoltado, nada acrescentará à sua ficha espiritual. Pelo contrário, acumulará débitos consigo próprio.

Fala-se muito, por exemplo, no chamado "sacerdócio" que é a profissão de médico. Por que não o sacerdócio da profissão de lixeiro? Ou de pedreiro? Ou de advogado?

Tudo pode ser sacerdócio, se o indivíduo que exerce a profissão fizer dela um sacerdócio. Não é a profissão que dignifica o indivíduo, mas este é que deve dignificá-la. Todos somos credores da profissão que abraçamos; ela é um instrumento neutro em nossas mãos. Mas é sempre um instrumento ao qual devemos gratidão.

Suponhamos uma enxada. É um instrumento rudimentar colocado nas mãos do lavrador. Ou do jardineiro. Com ela, pode-se ajudar a lavoura ou o jardim. Mas, pode-se também ferir e matar, se utilizada contra uma pessoa. E, no entanto, ela será sempre a enxada. Logo, não poderíamos generalizar dizendo que aquele que maneja a enxada seja um sacerdote. Pode realmente sê-lo, se a utilizar para o florescimento da lavoura ou do jardim.

Quando falamos em sacerdócio, nos vem à mente a figura dos homens que realmente fizeram de suas profissões um verdadeiro sacerdócio. Homens que, muitos deles, passaram anônimos no meio da multidão. Mas que dignificaram o trabalho. Lembramo-nos, por exemplo, da figura de um médico do interior, já falecido: o dr. Eduardo Pirajá da Silva.

Esse homem veio da Bahia para uma cidade humilde do interior de São Paulo: Ribeirão Bonito. E lá ficou. E lá serviu. Numa época em que ser médico do interior significava ser enfermeiro, psicólogo, conselheiro, adivinho e "cumpadre". Adivinho, porque não existiam possibilidades de solicitar exames laboratoriais pra elaboração do diagnóstico. E "cumpadre", porque toda família muito pobre sempre procurava o médico para ser padrinho de batismo do filho; assim, a criança poderia ter, pelo menos, uma bonita roupinha de batizado!

Isto é, uma época em que ser médico do interior era mais um exercício permanente de doação do que de recebimento. Dava seu tempo, sua saúde, sua vida particular. E em troca muitas vezes recebia um "muito obrigado", ou, "quando a gente puder, a gente paga o senhor".

O dr. Pirajá foi tudo isso. Foi um médico de cidade do interior. Um amigo. Precisava de médico? Lá estava ele. Não tinha dinheiro para pagar a consulta? "Deus paga", respondia ele. E quantas vezes a pessoa não tinha dinheiro e a doença necessitava de um acompanhamento diário. Não tinha importância; todos os dias lá estava ele à cabeceira do leito. Muitas vezes fazendo curativos ou trabalhos mais pesados hoje reservados à enfermagem no hospital. E quantas vezes o doente morava em fazenda ou sítio; a viagem tinha de ser feita em "pé de bode", o velho Fordeco de aluguel. E lá ia o dr. Pirajá. Se o doente não tinha recursos, além da assistência, ele pagava a viagem do próprio bolso.

O dr. Pirajá faleceu há muitos anos. Morreu pobre, é verdade. Pobre financeiramente. Mas foi um sacerdote da Medicina. Um sacerdote riquíssimo de amor e dedicação.

52
COMIDA OU EVANGELHO

*D*ar comida ou dar Evangelho tem sido o dilema de muito Centro Espírita, no tocante à assistência aos necessitados. E acontece que muitos, tocados tão-somente pelo aspecto exterior do irmão carente de amparo, acabam lhe dando apenas alimento e vestuário. Uma espécie de panacéia para deixar corados os rostos macilentos e bem apresentáveis os corpos que andavam seminus.

Muitos, principalmente na época do Natal, transformam os Centros Espíritas em verdadeiras mercearias, onde a caridade é medida em unidades: tantos pães distribuídos, tantos saquinhos de doces. Vêem-se, assim, as filas de pobres esperando a vez de receber o presente. E se tivermos a paciência de analisar fila por fila, veremos que os mesmos rostos estão em quase todas as filas, desde que, é claro, elas se formem em horas e dias diferentes.

Então você é contra essa forma de caridade? — você nos perguntará, leitor. Contra essa forma, somos sim. Porque esse procedimento demonstra improvisação, demonstra acomodação do Espírito durante o ano todo. Pois, se realmente quisermos ajudar a promover o indivíduo, não é através de uma distribuição barulhenta no fim do ano que vamos conseguir alguma coisa. A promoção humana exige trabalho o ano inteiro. Exige irmos à causa da miséria (moral e material) e não apenas ficarmos nas conseqüências.

Qualquer tipo de serviço social começa por uma função básica: a entrevista com o provável necessitado. Antes, precisamos ouvir aquele que nos pede ajuda. Ouvir, analisar e propor-lhe apoio. Um apoio que não lhe venha anular o livre-arbítrio. Esse trabalho exige visita ao lar necessitado, levantamento de problemas. É trabalho de fôlego que leva muito mais tempo do que uma distribuição de doces e brinquedos na véspera do Natal.

Voltamos, então, à opção: comida ou Evangelho. Que pode ser equacionada da seguinte forma: Evangelho com comida. Educação e alimentação, mas principalmente educação. Pois, se nos preocuparmos em despertar no indivíduo suas potencialidades espirituais, por menores que elas sejam, ele conseguirá libertar-se da caridade o mais rapidamente possível.

53

COMO USAR O TEMPO

*P*ouca gente dá importância para aquilo que se convencionou chamar de "matar o tempo". Existem milhares de pessoas sempre em busca da melhor forma de não fazer nada; milhares de pessoas vítimas do tédio e do vazio.

É comum encontrarmos gente que nos diz: "não sei o que fazer; estou farta de não fazer nada e não acho nenhuma forma de passar o tempo". É uma verdadeira falta de iniciativa, essa de não achar nada de útil para fazer. Ou, talvez, falta de esclarecimento.

Como o tempo é patrimônio de Deus e a Deus pertence, e seu malbaratamento é crime pelo qual nossa consciência será responsabilizada, tomamos a liberdade de oferecer algumas sugestões aos entediados que não sabem o que fazer com seus minutos:

1º) Ligue para um amigo e converse alguns minutos com ele, transmitindo-lhe entusiasmo.

2º) Visite um doente anônimo numa enfermaria qualquer de um hospital qualquer.

3º) Pare na esquina para conversar três a cinco minutos com o mendigo esfarrapado sentado na escadaria; ouça-o com carinho, que muitas vezes ele precisa muito mais de amizade do que de dinheiro ou comida.

4º) Visite um presidiário levando-lhe algum livro edificante.

5º) Vá a uma favela e dê um caderno ou um livro didático a uma criança que está em dificuldades na escola por falta de material escolar.

6º) Escreva uma carta amiga a um amigo ou parente do qual está distanciado há muito tempo.

7º) Ore por conhecidos ou desconhecidos que você sabe em dificuldades, vítimas de catástrofes.

8º) Leia um livro que o ensine a ser melhor.

9º) Visite um lar de crianças e proponha-se consertar brinquedos velhos quebrados.

10º) Demore-se meia hora visitando um lar de velhos levando-lhes uma palavra carinhosa.

11º) No transporte coletivo, colabore com o silêncio quando um ou outro passageiro se irritar com o cobrador ou o motorista.

12º) No trânsito congestionado, colabore com palavras de calma para acalmar a aflição geral.

Estas sugestões são todas muito simples, mas se pelo menos um terço delas for aplicado, estaremos fazendo um investimento moral no tempo que Deus nos dá e adquirindo condições de vivermos com alegria, preenchendo nossos minutos com manifestações de solidariedade e fraternidade.

54
O PRETO VELHO

É preciso nos acautelarmos com respeito a uma tendência que se nota nos meios simpatizantes do Espiritismo, que tem procurado discriminar a Doutrina Espírita classificando-a em duas: o Kardecismo e "a outra linha".

Mais uma vez esclarecemos: não existe Kardecismo como religião. Allan Kardec é o pseudônimo do sábio francês que codificou a Doutrina Espírita; um homem que fez questão absoluta de deixar claro não ser dele a obra, mas, sim, dos Espíritos superiores. Há um método kardecista, isto sim; o método do bom senso, que levou Kardec a codificar ensinamentos esparsos dando-lhes estrutura doutrinária. Para essa doutrina, Kardec criou a palavra **Espiritismo** e explicou tratar-se de uma revivescência do Cristianismo. Não há no Espiritismo, portanto, nada que não seja cristão.

Ora, tentar classificar o Espiritismo em subdivisões é querer jogar cinza num espelho. É tentar justificar acomodação. "Sou espírita, mas sigo a outra linha; não sou de Kardec." Resposta: não é espírita coisa nenhuma, pois admite tão-somente o fenômeno mediúnico e não está preocupado em nada com sua reforma moral, com a vivência evangélica. "Conhecereis o espírita pelo seu aprimoramento moral", esta é a senha, e não esta: conhecereis o espírita pela sua freqüência a reuniões mediúnicas.

"Mas, no Kardecismo, não admitem pretos velhos e índios; recebo um preto velho e vários índios, por isso preciso freqüentar os centros de outra linha" — já ouvimos alegar. Não é verdade. O Espiritismo tem um lema: "Fora da caridade não há salvação". Logo, a

Doutrina Espírita tem duas atitudes para com os pretos velhos ou os índios, ambas dentro da caridade:

1ª) Se o preto velho ou o índio, desencarnados, manifestam-se para ajudar o próximo, e não somente para "quebrar o galho" sem maiores preocupações morais, estão trabalhando dentro dos preceitos evangélicos, e, portanto, espíritas. Não importa a simplicidade da linguagem utilizada; interessa a essência do trabalho.

2ª) Se são ainda Espíritos ignorantes e voltados para o mal, são muito bem recebidos no Centro Espírita para esclarecimentos e vibrações de amor, pois são Espíritos necessitados e dignos de caridade.

Logo, pretos velhos e índios têm lugar no Espiritismo, como tinham acesso a Jesus tanto o doutor da lei, a mulher de má vida, o pescador ignorante, o leproso, o cego. E a todos Jesus atendia com carinho, dispensando atenção diferente para cada um.

O que não se admite, isto sim, é que o Espírito necessitado se faça passar por um grande dispensador de ajuda ao próximo, numa autêntica mistificação ou total ignorância. Seria admitir-se um cego conduzindo outro cego — conforme nos advertiu Jesus há quase dois mil anos.

O Espírito de preto velho ou de índio que realmente queira ajudar, encontrará no Espiritismo condições de exercer a caridade, e, mais ainda, de aprimorar seus métodos de trabalho em favor do próximo, uma vez que a Doutrina Espírita nos abre a mente para o infinito e nos ensina todas as implicações da Lei de Causa e Efeito.

55

MILAGRE OU ACONTECIMENTO NATURAL?

A garotinha que caiu do prédio em São Paulo e sofreu apenas ligeiras escoriações, deixou a cidade dividida: milagre ou acontecimento natural, devido à estrutura óssea de uma criança, bastante resistente ao impacto de quedas.

Os amigos pedem: escreva alguma coisa sobre o assunto; houve mesmo milagre?

Ora, a palavra **milagre**, em sua verdadeira acepção, significaria derrogação de leis naturais. E sendo as leis naturais leis de Deus, logo o milagre seria a derrogação de leis divinas. Podem as leis divinas ser derrogadas? Só Deus sabe; se Ele quiser, evidentemente tais leis serão derrogadas. Mas, neste caso, entraria em choque o aspecto da imutabilidade de Deus e de suas Leis, enfim, entraríamos para o campo das divagações filosóficas, que não cabem aqui no objetivo desta coluna.

Preferimos, em Doutrina Espírita, caracterizar "milagre" como a aplicação de leis naturais ainda desconhecidas pelo homem, ainda não desvendadas e explicadas pela nossa Ciência. Pelos homens e pela Ciência deste planeta, pois em planetas mais evoluídos, seus homens e sua Ciência já devem ter desvendado e explicado tais leis. Assim como, um dia, os homens e a Ciência da Terra encontrarão cientificamente as explicações para o que hoje o povo tacha de milagre, pois tanta coisa que há alguns séculos era considerada milagrosa ou "mágica", hoje a Ciência explica à altura de qualquer criança do primeiro ciclo escolar.

Para o caso da garotinha que caiu do 20º andar, muitos homens da Ciência — médicos e físicos — deram suas explicações: 1ª) o organismo da criança absorve com mais naturalidade os choques; 2ª) o fato de haver ela batido nos fios, amorteceu totalmente a queda, e o tombo até o solo representou, portanto, uma queda equivalente à altura dos fios até o chão. São explicações científicas e lógicas; a Ciência explicando o milagre.

Entretanto, nem tudo ficou explicado. Por exemplo: jogando-se uma boneca do mesmo tamanho e do mesmo peso da garotinha, da mesma janela e do mesmo andar, essa boneca cairia sobre os fios? Isto é, o trajeto do corpo em sua queda termina exatamente sobre os fios? Parece-nos que não foi feita essa experiência, justamente mais importante para que possamos determinar se realmente houve a interferência de forças que a Ciência ainda não definiu — as forças do Plano Espiritual.

Ora, se o trajeto do corpo da criança até o chão não previa seu amortecimento nos fios, e não tendo chegado a hora dessa criança desencarnar, temos de admitir a atuação do Espírito Protetor, do Anjo da Guarda, desviando-o para bater nos fios, isto é, o Plano Espiritual utilizou-se de uma ocorrência natural (a presença dos fios) para amortecer a queda. É bom que se diga isto porque muita gente só admitiria a presença do Plano Espiritual se no meio da queda aparecesse um anjo alado, que resgatasse a criança e a entregasse sã e salva aos braços de sua mãe.

Os Espíritos Protetores nos ajudam dentro das leis da Natureza. Em *O Livro dos Espíritos*, obra básica do Espiritismo, no item 526, encontramos a seguinte explicação:

"É exato que os Espíritos têm ação sobre a matéria, mas para cumprimento das Leis da Natureza, não para as derrogar, fazendo com que, em dado momento, ocorra um sucesso inesperado e contrário àquelas leis".

Neste acontecimento da garotinha, temos, em tese, duas leis naturais já conhecidas: a estrutura óssea de uma criança e a absorção do impacto pela flexibilidade dos fios.

Temos uma lei natural admitida com reservas pela Ciência: o tempo de vida que um Espírito deverá permanecer encarnado na Terra, isto é, a "hora da morte". E podemos ter a ação de um elemento ainda não aceito pela Ciência: a atuação do Espírito Protetor.

Explicando dentro da Doutrina Espírita: não tendo chegado a hora da criança desencarnar, o Espírito Protetor, valendo-se da presença de fios que amorteceriam a queda e minimizariam o impacto devido à estrutura óssea da criança, pode ter desviado o trajeto da queda.

56
QUANTIDADE E QUALIDADE

É bastante conhecida a história daquele indivíduo considerado religioso, que fazia muitas preces diariamente. Ao desencarnar, encontra-se com seu guia espiritual que lhe mostra uma prateleira abarrotada de folhas secas e, no meio dessa secura toda, uma pequena folhinha verdejante tentando levantar-se.

"São todas as suas preces" — diz o guia espiritual. "Todas as folhas secas, mortas, palavras proferidas maquinalmente da boca para fora. Aquela pequena folhinha verdejante tentando crescer é a prece que você fez, certa ocasião, por uma criança que fora atropelada por um carro diante de seus olhos. Não é tão verde e tão viva como poderia ser porque você, naquela ocasião, ao mesmo tempo que ficava penalizado do garoto, perdia tempo amaldiçoando o motorista causador do acidente. Se a sua prece tivesse sido só de confiança em Deus, sem nenhum sentimento de revolta, é até possível que o garoto tivesse sobrevivido."

Esta é uma lição que pode perfeitamente ter acontecido, ou melhor, que acontece diariamente. Pois diariamente desencarnam pessoas de todos os credos religiosos certas de que, tendo cumprido fielmente o ritual externo da crença, terão aberto as portas do céu para seu Espírito. Entretanto, muitos chegarão do outro lado da vida e defrontar-se-ão com uma grande prateleira de folhas secas.

A prece, como todo trabalho de ordem espiritual, tem valor pela qualidade e não pela quantidade. Oração é sentimento de súplica amorosa que a criatura dirige ao Criador, dispensando palavras decoradas. Pode ser puramente mental, em pensamento. O indivíduo que conta o número de preces feitas, ou aquele que vive medindo o número de metros quadrados de obras filantrópicas que construiu, corre o risco de inverter os valores e confundir qualidade com quantidade.

O Espírito André Luiz, no livro *Nosso Lar*, nos fala dos chamados bônus-hora. Uma espécie de remuneração espiritual por trabalhos prestados. Entretanto, o bônus-hora não remunera o número de horas que o trabalhador dedica à tarefa; é atribuído à qualidade do tempo durante o qual o indivíduo doou amor à tarefa. Então, é possível que a pessoa tenha trabalhado oito horas seguidas numa obra, apenas por obrigação, sem ter sentido alegria. Neste caso não ganhou nenhum bônus-hora. Ao passo que pode o indivíduo ter trabalhado uma hora com dedicação e amor intenso, tendo adquirido condições de ganhar dois ou mais bônus-hora.

Esta forma de avaliação adotada pelo plano espiritual deve ser respeitada por nós, encarnados, em todas as nossas atividades. Por exemplo, se uma pessoa se dedica à profissão de pedreiro mas a exerce com ódio, nada estará acumulando para si. É bom, portanto, que descubra a alegria de sua profissão, os benefícios que traz para a coletividade, a fim de que possa exercê-la com amor e acumule méritos espirituais.

57

ESTRANHA DENTRO DO LAR

*E*ra uma filha revoltada com os pais e com os demais irmãos. Dizia sempre que Deus não existia, pois se existisse, Sua bondade não teria permitido que ela nascesse naquele meio entre pessoas que não amava. "Pessoas, dizia ela, que também não me querem bem. Por que, então, os laços consangüíneos nos prendendo?" — perguntava, aflita e desesperada.

Os amigos procuravam acalmá-la, dizer-lhe que tivesse paciência. Alguns a aconselhavam a deixar a casa, a mudar-se para uma pensão, a ter vida independente. "Não posso separar-me deles" — dizia. E todos sabiam ser ela o esteio da casa, que, se abandonasse o lar, a privação bateria às portas da humilde casinha; era órfã de pai, sua mãe sofria ataques epiléticos e os dois irmãos eram muito pequenos ainda para trabalhar.

E mais se desesperava. "Não gosto deles, mas sinto que, se abandoná-los, será muito pior para mim." Sentia — não sabia como — que sua mãe e os dois irmãos eram como credores seus, a quem ela devia pagar não sabia bem o quê. No fundo de sua alma, percebia que eles todos eram muito ligados entre si e que na realidade ela não era uma estranha em casa.

Ligados entre si. "Estamos juntos nos detestando, amarrados uns aos outros como condenados", pensava ela chorando, soluçando às vezes. E, no entanto, sentia que as correntes que os prendiam serviam também para os conservar de pé. Que, se um dia ela quebrasse as correntes pela violência, todos cairiam, a começar por ela.

E os sonhos de casamento? Como pensar em casar, com tão grandes encargos sobre os ombros? Pretendentes não faltavam, mas era preciso fugir deles, voltar às amarras. Se casasse, seria feliz? "Não", respondia para si mesma.

Até que um dia, um colega de trabalho a levou a um Centro Espírita. Um exemplar de *O Evangelho segundo o Espiritismo* lhe foi dado de presente: "Para quê?" — pensava ela. "Um livro é lindo presente para quem está bem e disposto a passar o tempo. Não é o meu caso."

No entanto, chegou em casa naquela noite e, cansada, sentou numa tosca banqueta à beira da mesa improvisada com tábuas de uma velha caixa de pinho. Colocou o livro sobre o móvel e, displicentemente, o abriu sem qualquer intenção de ler coisa nenhuma. A página aberta saltou-lhe aos olhos: **causa das aflições**. Incrível. Pareceu-lhe que mãos invisíveis tivessem aberto o livro nessa página, e sussurros suaves insistissem com carinho irresistível: "leia, filha; leia e medite".

Como recusar a leitura de tão oportuna página? Não era, então, aquele, um livro para passatempo, para os sãos. Era um livro-medicamento; um livro-consolo; livro-caminho; livro que sabia o seu problema e vinha ao seu encontro. Falava-lhe de aflições. E ela estava aflita, aflitíssima.

Leu e releu. Voltou a ler. Leu outras páginas. Sentiu que janelas se abriam no seu presídio e que luz entrava em seu Espírito. Viu um mundo novo onde as aflições são sempre efeito de nossos próprios atos em nosso caminho imortal.

Isto tudo hoje é passado. O Evangelho à luz da Doutrina Espírita a reabilitou. Reconciliou-se com os seus familiares. A mãe, por ela tratada com carinho, recuperou-se e hoje trabalha ajudando no sustento da casa. Os irmãos, freqüentando a escola, já se dispõem a ajudar também.

58
PROPAGAÇÃO DA DOUTRINA

O trabalho de propagação da Doutrina Espírita deve ser feito de duas formas:

1ª) Pela vivência cristã de todo aquele que abraçou o Espiritismo, para que, como a candeia mencionada por Jesus, possa iluminar caminhos e indicar um rumo mais seguro para seus semelhantes.

2ª) Pela divulgação propriamente dita, através dos meios colocados à disposição da opinião pública: televisão, jornais, revistas, emissoras de rádio.

Na realidade, a primeira modalidade é a mais segura e eficiente, porque, partindo da testemunhação de todo espírita nas obras do amor, tem grande poder de contágio e imitação. A segunda modalidade, contudo, é importante para proporcionar o primeiro contato ao indivíduo com a Doutrina Espírita. Diríamos que os veículos de comunicação podem se constituir na porta que se abre; a permanência ou não do indivíduo dentro do edifício doutrinário depende, também, de dois fatores:

1º) Da acolhida que lhe for dada no Centro Espírita onde entrou pela primeira vez, e das perspectivas da ascensão espiritual que encontrar no programa de estudo e prática que lhe for oferecido pela direção do Centro.

2º) Da vontade do próprio indivíduo, de querer aprofundar-se no aprendizado da Doutrina e de sua decisão de aplicar em si mesmo os ensinamentos doutrinários que são os mesmos do Cristianismo Primitivo.

Logo, os espíritas devem realmente preocupar-se com as duas modalidades de propagação, dando o devido valor a cada uma delas. Não apenas se dedicando ao trabalho de divulgação, sem viver o Evangelho; mas, também, não desvalorizando a palestra, a notícia, a reportagem. As duas formas devem caminhar juntas, mesmo porque o Centro Espírita precisa estar preparado para receber cada vez mais elementos vindos do materialismo ou de religiões dogmáticas; para que esses novos companheiros possam receber tudo o que o Espiritismo lhes pode oferecer, não podem encontrar pela frente elementos bitolados só valorizando este ou aquele setor de atividade doutrinária.

É preciso ter mente ampla, para mostrar os caminhos amplos que a Doutrina Espírita oferece.

59

NÃO PEDI PARA NASCER

*N*um gesto de rebeldia contra os pais, é muito comum o jovem desabafar: "eu não pedi para nascer; eles que me puseram no mundo, que me agüentem assim como eu sou".

Vamos analisar este ponto de vista, isto é, a cômoda posição passiva que leva o indivíduo a isentar-se da própria responsabilidade, atribuindo seus fracassos e insucessos sempre a outras pessoas. "Eu não pedi para nascer" é o mesmo que dizer: "não tenho culpa de agir errado, meus pais é que quiseram que eu nascesse". É um gesto de desleixo, pouco condizente muitas vezes com a atitude exterior daqueles que o adotam: geralmente, homens que procuram aparentar masculinidade ou mulheres que se dizem adeptas da liberdade total. Liberdade total para os desmandos; dependência total quanto às responsabilidades.

Pela lei da reencarnação, também não é certo dizermos que não pedimos para nascer. Que não pedimos para reencarnar. Dizem-nos os Espíritos que no Plano Espiritual existem verdadeiras filas de Espíritos esperando oportunidade de reencarnar, oportunidade de progredir. Progresso esse só possível ao Espírito lutando em novo corpo carnal. Ora, quem fica na fila é porque quer, porque acha que deve chegar ao seu objetivo. Logo, quem está na fila da reencarnação quer reencarnar, tem consciência de seu desejo e sabe, em termos gerais, quais são as provas e expiações a que terá de se submeter visando à autopurificação.

Todos pedem para nascer. Mesmo aqueles Espíritos inconscientes devido a seu estado de ignorância, fazem apelos inconscientes para reencarnar. Apelos estes que são atendidos pelos Espíritos Superiores, que trabalham pela felicidade de todos. É falsa a afirmação de que não pedimos para nascer, para reencarnar. É uma fuga das respon-sabilidades assumidas.

Acreditemos ou não na reencarnação, todos estamos a ela sujeitos. Uma só existência corporal é insuficiente para o Espírito galgar do primeiro ao último degrau da evolução. Aliás, qual será o último degrau da evolução, considerando-se o infinito que é o Universo? Logo, quando terminará a longa escalada evolutiva do Espírito? É uma pergunta ainda difícil de ser respondida; difícil, justamente porque estamos bastante distantes dos graus mais adiantados na escala evolutiva. Não chegamos a compreender a Eterna Perfeição, por isso ela nos parece impossível. Mas, no íntimo de nosso ser, algo nos impulsiona a procurá-la; esse algo somos nós mesmos, o Espírito imortal que somos — filhos de Deus, que, no fundo de nosso ser, aspiramos retornar ao Pai. Esse retorno se fará lenta ou rapidamente, dependendo de nosso esforço, de nossa vontade de nos identificarmos com a vontade do Criador, que é, principalmente, aquela que nos concita a amar todas as demais criaturas.

Dizer que não pedimos para nascer não é um gesto que nos identifica com a vontade do Criador. Ele sabe que pedimos para reencarnar, ou melhor, que sentimos uma enorme necessidade de reencarnar. Do contrário, ficaremos estacionados na ignorância. A reencarnação é uma necessidade da qual ninguém escapa. E para reencarnar é preciso encontrarmos pai e mãe que estejam dispostos a nos doar novo corpo; a nos dar uma nova morada para nosso Espírito. Enfim, pai e mãe que concordem em nos fornecer novo instrumento de trabalho para o nosso progresso espiritual. É claro que na maioria das vezes os pais estão comprometidos — por débitos ou amizades do passado — com os Espíritos que concordam em receber como filhos. A responsabilidade de progresso é mútua, mas não exclui — em hipótese alguma — a responsabilidade dos filhos.

Na sua revolta devida muitas vezes à sua acomodação ou à

não-conformação às Leis de Deus, o homem se volta contra os pais, dizendo-os responsáveis pela sua própria existência. É que, não podendo atingir a Deus, ele fere aqueles que identifica com o Criador: seus próprios pais. No entanto, deve o homem saber que pai e mãe são meios por ele mesmo utilizados para voltar à arena da luta na Terra, visando o seu próprio progresso.

60
UM HOMEM NO PLANO ESPIRITUAL

*S*urpreendeu-se ao receber a informação de que era um Espírito desencarnado, cujo corpo falecera. "Realmente, ultimamente tudo estava mudado; eu notava que minhas ordens não eram cumpridas na empresa, e em casa ninguém mais me dava atenção. Acho que agora é hora de pensar mais nas coisas da alma, já que até o momento não tive tempo para essas coisas; só neste instante vejo que pensei apenas nas coisas menos importantes. Vou-me esforçar por compreender tudo isto e fazer o possível para transmitir esta minha experiência a outras pessoas."

Era um Espírito desencarnado falando conosco através de um médium. Um homem que fora empresário na Terra. E que, no Plano Espiritual, continuava dirigindo sua empresa ("uma empresa em falência", como ele próprio dissera), porém com muito maior desespero, pois, estando no plano invisível, não era notado pelos seus sucessores. E, assim, assistia impotente à derrocada da empresa a que se dedicara longos anos. Talvez os herdeiros não lhe seguissem os passos de homem de tino comercial. E estava gesticulando inutilmente, dando ordens invisíveis, sem ser visto por ninguém. E o desespero foi se instalando em sua mente porque via a todos e não era visto por ninguém.

Até que foi trazido à presença de um médium, para, utilizando o corpo de uma pessoa, poder sentir a transformação que se operara em si mesmo. Para que, através da conversa com um homem encarnado, pudesse avaliar a diferença entre o seu plano atual (espiritual) e o plano físico. Felizmente, como um homem inteligente e humilde o suficiente para analisar uma situação nova, compreendeu seu novo estado e achou que agora devia mudar o rumo da vida.

Sua presença serve de advertência para muitos homens que continuam preocupados tão-somente com seus problemas materiais. "Acho que agora é hora de pensar mais nas coisas da alma", disse tristemente, olhando para a realidade de si mesmo. Infelizmente, esse "agora" veio muito tarde para ele. A própria experiência em que se envolveu determinou o tardio "agora", que poderia ter vindo muito tempo antes de voltar a ser simplesmente uma alma desencarnada; há milênios o mundo vem sendo alertado por missionários e iluminados acerca das coisas da alma: Buda, Confúcio, Jesus, Kardec. E tantos outros grandes Espíritos. Entretanto, o homem acha que o "agora" está muito distante; acha que as coisas da alma são para gente religiosa, esquecendo-se de que todos temos alma. Esquecendo-se de que a alma é imortal, exigindo de nós muito mais cuidado e mais atenção do que as coisas transitórias da matéria. O "agora" da alma deve ser o "sempre" para o homem inteligente.

Não há momento especial para se cuidar da alma; o momento da agonia, por exemplo. Ou da velhice. Estes momentos geralmente, são bastante tardios. Representam que deliberadamente fomos adiando os cuidados que o ser imortal — nós mesmos — deve merecer. Esse adiamento é que nos joga, um dia, diante de uma situação penosa ao constatarmos que chegou o "agora", a hora da verdade. E que a esse momento chegamos de mãos vazias, despreparados. Como um homem que não sabe nadar e é atirado à correnteza de um grande rio. Geralmente o "agora" tardio da alma nos joga na correnteza do desespero e nos coloca em mãos inescrupulosas do Plano Espiritual.

O nosso amigo, ex-empresário, que foi trazido ao médium para verificar em si mesmo a realidade da inexistência da morte, é uma advertência que deve ser aproveitada. Os negócios convencionais da vida humana são importantes para nós desde que os utilizemos para a edificação de nossas almas e não utilizemos a edificação dos negócios transitórios para emparedar as nossas almas, mantendo-as prisioneiras da ilusão do poder transitório. Um dia nos libertaremos fatalmente deste corpo e nos defrontaremos com a realidade espiritual, descobrindo que não acumulamos as riquezas que os ladrões não roubam e nem a traça rói como disse Jesus.

61

DOENÇAS DE ORIGEM ESPIRITUAL

*C*onhecemos há alguns anos um moço, estudante de Medicina, desenganado pelos médicos por estágio avançado de tuberculose, com uma "cratera" enorme em cada pulmão. A radiografia acusava claramente a destruição de mais de dois terços dos pulmões. Um caso considerado irremediável.

Acompanhado pela mãe desesperada, esgotados todos os recursos da ciência oficial, foi bater às portas de um Centro Espírita. Feito o exame espiritual através de médiuns competentes, veio o diagnóstico alentador: não havia tuberculose coisa nenhuma; o moço estava sendo vítima de um "encosto" espiritual — uma obsessão.

Explicando melhor o caso. Uma pessoa que recentemente havia morrido (desencarnado, já que o Espírito não morre nunca) de tuberculose, com os dois pulmões praticamente destruídos, encostara no jovem estudante e plasmara, sobre o pulmão deste, a imagem de seus pulmões destruídos. Imagem esta que permanece no perispírito, isto é, no corpo espiritual (com a mesma forma do corpo físico) que sobrevive à morte fisiológica. Tão clara era essa imagem, que as chapas do Raio X a registraram nitidamente, não dando margem a dúvidas para o diagnóstico dramático dos médicos.

O jovem estudante foi submetido a tratamento espiritual, tratamento de desobsessão, neste caso, e conseguiu curar-se. Feita nova radiografia, para espanto dos médicos, nada mais foi constatado nos pulmões do moço.

Outro caso conhecemos, de uma senhora que vinha sofrendo de uma artrite que a obrigava a andar apoiada em bengala. A consulta espiritual revelou a obsessão; a "justaposição" de um Espírito que fora artrítico quando encarnado. Submetida a tratamento espiritual, libertou-se da doença.

Estes casos não significam que o tratamento espiritual cura todos os males. Citamos dois, como exemplo. Ambos de raízes exclusivamente espirituais, que foram devidamente tratados. Entretanto, mesmo no caso de males exclusivamente físicos, em que é imprescindível o concurso de um médico, o tratamento espiritual alivia e acalma. Os médicos poderiam sempre recomendá-lo a seus pacientes, para facilitar o tratamento e abreviar a cura. Os Centros Espíritas bem orientados jamais desrecomendam o tratamento médico para o caso de males físicos; pelo contrário, muita gente tem sido enviada a tratamento médico por Centros Espíritas. Geralmente pessoas muito crentes, que acham que os Espíritos dispensam o concurso da medicina humana.

Existem males de origem fisiológica e males de origem puramente espiritual. Para estes o Espiritismo oferece tratamento e procura orientar o doente e pautar sua vida por normas corretas, a fim de não cair sob outra perturbação espiritual. Entretanto, para os dois tipos de doença, a Doutrina oferece explicações, consolo e alívio.

62

ESPIRITISMO, INSTRUMENTO DE LIBERTAÇÃO AOS JOVENS

*J*á ouvimos muita gente dizer que a prática religiosa é coisa para pessoas idosas. Esta, talvez, seja uma afirmação de quem ainda tem da religião uma noção relacionada com ritual, dogmatismo, ou coisa parecida com estagnação. Na realidade religião não é nada disso; como ato de religar a criatura ao Criador, ela é totalmente dinâmica. Religião é busca incessante, progresso permanente, evolução constante, aperfeiçoamento sem limites rumo ao infinito.

Não se pode admitir religião estática ou limitante das potencialidades criadoras do ser humano. Pelo contrário, a religião deve despertar em todo indivíduo a centelha divina a ponto de transformá-la em facho permanente de luz. É interior, de dentro para fora. Não podemos iluminar uma criatura de fora para dentro. Deve projetar-se em favor de seu próximo, pois também não se entende iluminação espiritual sem fraternidade, sem colaborar para o progresso de nosso semelhante.

O Espiritismo, como religião, como Cristianismo redivivo, fornece ao homem o "combustível" para essa iluminação interior, para o conhecimento de si mesmo. A Doutrina Espírita não se preocupa em dirigir o indivíduo, em dizer-lhe o que deve fazer hoje e amanhã, mas, tão-somente, em lhe indicar caminhos de libertação. É, portanto, uma religião que vem perfeitamente ao encontro às aspirações dos jovens. E também às necessidades dos velhos, já que o Espírito é imortal: envelhece e perece apenas o corpo físico.

Dizemos que atende às aspirações dos jovens porque estes particularmente estão em busca da liberdade e com muita freqüência caem escravizados sob algozes diversos, porque interpretaram mal o sentido da liberdade. A liberdade não é "fazer tudo aquilo que a gente quer"; é fazer aquilo que realmente nos liberta interiormente. Se fizermos tudo aquilo que queremos, normalmente nos estaremos escravizando a uma série de mitos; os mitos que representam aquilo que queremos fazer. Entre esses mitos podemos incluir: o mito da independência precoce com relação à família, o mito da liberdade sem responsabilidade (desregramentos generalizados), o mito da alienação ("não vale a pena colaborar para a sociedade que aí está"), o mito do engajamento em ideologia que prega a violência.

Como mitos que são, não libertam ninguém e nem preparam ninguém para amanhã ser pregoeiro da liberdade. Como mitos que são, de aspectos exteriores, são todos escravizantes. Não atingem o Espírito; não são revolucionários; são essencialmente reacionários. São paralisantes das faculdades espirituais, tóxicos, anestesiantes, rotulados de libertadores do homem.

Busque o jovem o Espiritismo como instrumento de libertação interior e meio que lhe faculte condições para promoção da sociedade, e estará encontrando-se a si próprio.

Liberdade que esclarece e dá ao homem condições de andar sozinho e de dar a mão ao seu semelhante infeliz, procurando iluminá-lo também para que amanhã o necessitado de hoje seja, também ele, aquele que ajuda o próximo.

63
O ESPELHO RETROVISOR

Retrovisor só para corrigir o rumo do carro.

Esta é uma frase de um dos jovens desencarnados que escreveram o livro *Somos Seis* psicografado pelo médium Francisco Cândido Xavier.

Simples frase, profundamente complexa. Usando uma imagem comum, o jovem nos leva a meditações profundas. O espelho retrovisor não é para nele concentrarmos nossa atenção permanentemente, pois se assim o fizéssemos jogaríamos nosso carro sobre o veículo da frente ou o faríamos despencar pelo abismo. Espelho retrovisor deve ser usado só quando formos manobrar o carro, a fim de corrigir sua posição, ou, espaçadamente, na via pública, a fim de nos certificarmos de que temos segurança para mudar de faixa na pista.

Assim é o nosso passado. Ele deve ser espiado só algumas vezes para que possamos corrigir o rumo de nossas vidas. Se nos fixarmos no passado — seja ele bom ou mau — conduziremos nossa vida para prováveis desastres. Passado é lição que nos ajuda no presente, visando o futuro. Não é prisão. É alicerce, sobre o qual podemos construir ou reconstruir.

Da Doutrina Espírita, como o próprio Cristianismo nos ensina, pouco importa aquilo que fomos. Importa, isto sim, aquilo que pretendemos ser e para o que estamos hoje trabalhando. Também de nada nos adianta dizer que gostaríamos de ser melhores, se permanecemos parados à espera de algum milagre.

Jesus recomenda a Madalena que não peque mais. Isto é, que analise bem seu procedimento até ali e chegue à conclusão de que tudo estava errado. E, a partir dessa conclusão não fique chorando os erros e o tempo perdido; comece a acertar e a recuperar o tempo. Lastimar os erros do passado é continuar vivendo o passado cheio de desacertos, é estagnação espiritual.

Há aqueles que estão sempre dizendo: "sou muito ruim", "não presto pra nada", etc. para desculpar a inoperância no bem. Ora, se reconhecem que são ruins, que não prestam, é hora de olhar para a frente e analisar as oportunidades que o caminho oferece para a prática da bondade e para o exercício do serviço fraterno. Já têm um parâmetro: a ruindade e a imprestabilidade; ajam em sentido contrário.

A mensagem do jovem deve ficar bem gravada em nossas mentes: retrovisor só para corrigir o rumo do carro. O passado, como um espelho retrovisor, só tem utilidade se também for utilizado tão-somente para correção de nosso rumo visando um futuro melhor.

64

DESRESPEITO E SUICÍDIO

O desrespeito que alguns jovens devotam aos velhos traz em si o germe de autodestruição, do suicídio. É claro que falamos daquele desrespeito consciente e deliberadamente praticado, e não daquele exercido sob a ação de impulsos momentâneos sem características de continuidade.

Sabendo-se que o jovem de hoje será o velho de amanhã, notamos que certos jovens que desrespeitam os velhos mostram claramente que não pretendem chegar à velhice. Ora, se não pretendem chegar à velhice — para, justamente, não sofrerem o desrespeito que hoje impõem aos mais velhos — procuram abreviar a sua vida, para que ela termine antes que os anos os levem à categoria de velhos. Essa busca — consciente ou inconsciente — de encurtamento da vida leva sempre o nome de suicídio. Se acha o jovem que pode achincalhar o velho porque tem certeza de que não chegará à velhice, essa certeza é traduzida por uma idéia suicida. Um comportamento autodestrutivo.

É necessário, contudo, deixar claro que o suicídio — ostensivo ou velado — é sempre uma violação às Leis Divinas, e como tal é punido. Suicídio velado é todo o conjunto de atos e gestos que envolvem, por exemplo: desrespeito para com a própria saúde, comportamento desleixado, viciação no álcool, nos tóxicos ou no sexo. São atitudes de comportamento que encurtam uma vida. São atitudes de inteira responsabilidade de quem as pratica.

Temos notícia de muita gente que, após o desencarne, chegando ao Plano Espiritual, acabou reconhecendo-se um suicida; um indivíduo que, durante a vida corpórea, abreviou a existência física mediante uma série de abusos.

E qual a pena imposta, no Plano Espiritual, àqueles que abreviam a própria existência carnal? Talvez um exemplo grosseiro possa dar idéia do sofrimento de tais indivíduos: suponhamos que uma pessoa destrua a sua casa (única propriedade que possui), sem ter construído outra moradia. Ficará ao relento, sofrendo as intempéries durante todo o tempo necessário para a edificação da outra casa. Se abreviarmos deliberadamente o nosso prazo de morada no corpo físico, ficaremos um bom tempo deslocados e desprotegidos, para que possamos realmente valorizar a casa que destruímos com as próprias mãos. Todos nós temos, grosso modo, um determinado prazo de vida física; esse prazo — pelo nosso livre-arbítrio — pode ser abreviado ou dilatado. Será dilatado se nos dedicarmos ao bem e ao respeito do próximo. A abreviação desse prazo é o suicídio.

O Espiritismo esclarece quanto às reais conseqüências do suicídio. Se o suicida soubesse o que o espera no outro lado da vida, preferiria mil vezes suportar resignado todos os sofrimentos físicos e morais que o levam a pensar em desertar da própria vida. O Espiritismo nos mostra a vida em seu todo — em sua continuidade — informando-nos de que os nossos sofrimentos presentes são pequeninas gotas d'água, passageiras, diante do infinito e da eternidade de nossos Espíritos. É como a pessoa que vai ao teatro assistir a uma peça; terminado o primeiro ato, muitas vezes ela sente impulsos de ir embora porque a peça a desagradou até aquele momento. Entretanto, se tiver noção de todo o roteiro, sabe que no segundo ato as coisas serão diferentes e que a peça terminará a seu agrado. E permanecerá no teatro até o fim. O Espiritismo nos mostra todo o roteiro do Espírito e não apenas o primeiro ato. E nos convida a lutar e a persistir para conquistar a felicidade dos atos seguintes,

Voltando ao jovem que desrespeita o velho, alimentando uma idéia autodestrutiva, sugerimos que reformule agora seu ponto de vista. Ninguém fere as leis divinas sem sofrer em si mesmo as dolorosas conseqüências.

65
A RAÇA NEGRA

*P*edem-me para falar acerca da origem da raça negra na Terra, ou melhor, a opinião da Doutrina Espírita sobre a raça negra. Trata-se de assunto intimamente ligado ao preconceito de cor, que, infelizmente, ainda alimentamos. Mas, esperamos que o Espiritismo vá aos poucos fazendo luz sobre esse preconceito até desfazê-lo totalmente.

Vamos nos reportar para *O Livro dos Espíritos*, codificado por Allan Kardec e que contém os fundamentos da Doutrina Espírita. Diz essa obra no capítulo VII do segundo livro (Retorno à vida corporal), item 367: "A matéria não é mais que o envoltório do Espírito, como a roupa é o envoltório do corpo. O Espírito, ao unir-se ao corpo, conserva os atributos de natureza espiritual". E nesse mesmo livro, capítulo I, item 76, temos a definição de Espírito: "Podemos dizer que os Espíritos são os seres inteligentes da Criação. Eles povoam o Universo, além do mundo material".

Ora, como Ser inteligente que é, incorporado e sutil, o Espírito não tem cor. Não é negro nem branco, nem amarelo. É um ser inteligente e basta. A cor é atributo do corpo e do organismo. E o corpo é apenas a vestimenta do Espírito; um instrumento de trabalho e aperfeiçoamento do Espírito. A Genética, por leis já conhecidas, tem capacidade de explicar a diversidade de cores ou de determinadas características físicas — como os olhos amendoados, por exemplo. São características ou cores de pele estritamente ligadas ao corpo físico. São regidas por leis fisiológicas.

Diante disso salta aos olhos o absurdo das teorias discriminatórias de cor ou raça. O terrível materialismo de uma teoria como o "arianismo" hitlerista, por exemplo. São teorias, ou preconceitos, que dão importância tão-somente à forma exterior e não à essência — o Espírito. Este, o Espírito, pode reencarnar em corpo que melhor o ajude a evoluir, ou a pagar suas faltas pretéritas. Um mesmo Espírito pode encarnar várias vezes como negro, outras tantas como branco e algumas como amarelo. Isto é, pode dar inteligência a corpos negros, brancos e amarelos, em encarnações sucessivas.

O preconceito de cor, contudo, é capaz de prestar a maior reverência a um indivíduo branco, e, suponhamos, cem anos depois, espezinhar esse mesmo Espírito só porque encarnou em corpo negro. Questão de formalismo. Vaidade humana, sem fundamento racional.

Sabemos, por exemplo, que nos séculos XV e XVI, milhares de Espíritos que, na Roma antiga, como legionários brancos, haviam infligido dor e provações a milhares de escravos negros, pediram para reencarnar como negros no seio da África. E como negros foram vendidos aos portugueses para virem trabalhar como escravos no Brasil! Aqui, em nosso País, portanto, esses Espíritos vaidosos de legionários vitoriosos aprenderam a valorizar a vida e a liberdade de seus semelhantes, sentindo na própria carne a dor e a provação de uma existência sob a canga da escravatura. Aprenderam — em espírito — que ninguém pode escravizar ninguém sem receber em si próprio o peso da servidão. É a Lei Divina — sublime Pedagogia — que ensina o bem aos homens mediante o exemplo em si próprios. É claro que esse exemplo é facultado tão-somente quando o indivíduo se recusa a aprender racionalmente; a aprender com humildade. A Lei se encarrega de fazer os vaidosos baixarem a cabeça.

Portanto, é preciso que fique bem claro: o espírito, que é a essência, não tem cor. A cor é do corpo físico, que é morada transitória do Espírito. Os preconceitos sociais, contudo, servem como prova para o Espírito, pois encarnado como negro num país em que essa cor é considerada inferior, o Espírito aprenderá humildade. Aprenderá quanto custa considerar-se superior aos outros. Aprenderá a respeitar no homem o espírito e não a forma física transitória.

Que isto sirva de lição para os brancos orgulhosos. A cor que hoje consideram inferior pode, amanhã, em nova encarnação, servir de corpo a seus próprios Espíritos.

66

FALANDO DE POLÍTICA

*E*stamos em plena efervescência eleitoral. Época de campanha política, para as eleições de novembro. Os candidatos não medem esforços para chamar a atenção do eleitorado, para obter um voto a mais. Não vemos ainda os comícios públicos, mas a atividade nos bastidores é intensa; as visitas eleitorais multiplicam-se. Entidades filantrópicas são visitadas por políticos, numa constância não imaginada seis meses atrás.

Tudo isso faz parte do processo evolutivo da humanidade. Embora a política, como arte de governar, ainda esteja um tanto distante da compreensão da maioria dos políticos, mesmo assim achamos necessária e benéfica essa movimentação. Faz parte do exercício de aprendizado que deve ser palmilhado pelo Espírito humano. O político começa pensando estritamente nos seus interesses particulares; com as encarnações sucessivas (e continuando o Espírito na militância política) um dia estará se dedicando mais à arte de governar, à arte de fazer algo pela comunidade e não só para si próprio.

Cabe, portanto, ao espírita, votar naquele candidato que tenha demonstrado maior desprendimento em favor da comunidade. Para isso deve aplicar também os ensinamentos de Kardec: analisar e colocar sob o crivo da razão tudo o que o candidato diz, tudo o que o candidato fez até agora. Não deve o espírita deixar-se influenciar pela rotulagem religiosa do candidato: votar no indivíduo simplesmente porque ele se diz espírita. Afinal de contas, Kardec não nos disse que o verdadeiro espírita seria identificado pela sua reforma moral? Dentro desse princípio, muitos candidatos que se dizem filiados a outras religiões também apresentam as características do verdadeiro espírita.

Não deve o espírita preocupar-se em ocupar um lugar no governo. Pois, Jesus nunca quis ocupar lugar no Templo, mesmo tendo autoridade para tal, uma vez que era considerado rabi pelos judeus da época. Preferiu o Mestre exemplificar a caridade e o amor. E sua exemplificação banhou de luz e suavidade muitos templos. E continua banhando. Se tivesse ocupado um lugar no Templo talvez sua mensagem tivesse ficado entre quatro paredes. O Espiritismo tem a finalidade de espiritualizar a política,as religiões dogmáticas e a ciência; para tanto não pode prender-se às reais ou falsas vantagens de uma tribuna entre quatro paredes.

A Doutrina é ação em favor do próximo. O espírita que quiser se dedicar à política, deve fazê-lo por sua conta e risco e não envolver o nome do Espiritismo em suas atividades partidárias. Deve agir como espírita sem precisar rotular-se como tal; empregando o método racional ensinado por Kardec, o espírita-eleitor saberá identificar o verdadeiro candidato-cristão no meio das centenas de postulantes aos cargos eletivos.

67
EDUCAÇÃO RELIGIOSA

*A*llan Kardec, codificador da Doutrina Espírita, em discurso pronunciado no dia 1° de novembro de 1868, na Sociedade de Estudos Espíritas de Paris, analisando o aspecto religioso do Espiritismo, diz, em certo trecho:

"Quando os homens compreenderem melhor seus interesses no céu, haverá menos gente nos sanatórios."

Falava o codificador a respeito das pessoas que costumam apregoar a desnecessidade de locais para reuniões religiosas, alegando que o dinheiro empregado nessas obras poderia ser melhor aproveitado na construção de um hospital ou orfanato. "Os ensinamentos religiosos podem ser ministrados em qualquer lugar, ao ar livre", ouve-se muita gente alegar. Interessante ainda ouvir Kardec, no mesmo discurso:

"Que alguns homens sejam bastante fortes por si mesmos, muito largamente dotados pelo coração, para que sua fé e sua caridade não necessitem ser reaquecidas num foco comum, é possível; mas assim não se dá com as massas, às quais é preciso um estimulante, sem o que elas poderiam deixar-se ganhar pela indiferença. Além disso, qual o homem que possa dizer-se bastante perfeito para dispensar conselhos na vida presente? É sempre capaz de instruir-se por si mesmo? Não; à maioria são necessários ensinamentos diretos em matéria de religião e de moral, como em matéria de ciência. Sem contradita, esse ensinamento pode ser ministrado em toda parte, sob a abóbada do céu, como sob a de um templo; mas, por que não teriam os homens lugares especiais para os negócios do céu, como os têm para os negócios da Terra?"

Vê-se, por essas palavras, a seriedade com que o codificador encarava o problema religioso. Não como uma forma ritualista, mas, realmente, como um procedimento interior em que colocamos em jogo a rentabilidade de nossa própria vida, e que deve ser cultivado. A necessidade do homem ilustrar-se no tocante à religião é premente e permanente. Se não houver essa preocupação de nossa parte, ficaremos cegos para as realidades espirituais; tal qual o médico que, formado há 50 anos, continua hoje exercendo a profissão sem jamais ter manuseado um livro ou freqüentado cursos de atualização. Estaria apenas com o título, porque, na realidade, um aluno do nível ginasial hoje estará sabendo mais do que ele. O homem que não se preocupa em buscar estímulos e esclarecimentos na Religião, tem apenas o título e a aparência de homem: é apenas um barco sem rumo — não sabe de onde veio nem para onde vai. Não tem consciência de sua própria condição.

Que adiantaria, então, construirmos uma infinidade de hospitais e orfanatos, se os homens que colocarmos para neles trabalhar não tiveram nenhuma noção de Religião? Não sabem por que ajudar a um doente ou a um órfão? Não estão realmente convencidos de que é necessário ajudar? Sabemos como é monótona e terrível a execução de uma tarefa de cuja utilidade não estamos realmente convictos. Daí, concluir-se que a assembléia religiosa é o centro da irradiação para todas as atividades sociais; é o quartel de onde saem os soldados treinados para a grande luta em favor do semelhante.

E, a partir de momentos em que o homem der realmente importância à religião e à reunião para estudo e confraternização religiosos, estará, automaticamente, reduzindo a população dos hospitais, sanatórios e orfanatos. Porque estará se melhorando, praticando menos maldade e, em decorrência, sofrendo menos influência do mal, das doenças. Isto porque, segundo a Justiça Divina, é livre a sementeira mas obrigatória a colheita. Isto é, pode-se fazer o mal (como o bem) livremente, mas teremos inevitavelmente de sofrer as conseqüências de nossos próprios atos. Nesta ou numa próxima encarnação, pois que a vida não se limita a uma única passagem pela Terra; voltaremos aqui, em novos corpos, quantas vezes forem necessárias para pagarmos as nossas próprias faltas e aprendermos lições de aprimoramento. Por isso que, se nos preocuparmos mais com o aspecto religioso, estaremos forçosamente preparando um retorno mais saudável e menos propenso a nos levar para casas de tratamento de saúde ou de correção moral.

Convém repetir, contudo, que Religião não é ato exterior, liturgia, medalhinha pendurada no pescoço ou a entoação de hinos em nome de Jesus. Religião é ação, é religamento. O religamento às criaturas que mais sofrem, através das quais estaremos nos religando a Deus, ao Criador. E, convenhamos, a maioria dos homens não tem ainda noções de Religião; por isso a necessidade de assembléias religiosas onde haja educação espiritual. Por isso o Espiritismo é Religião.

68

O AMOR NA PSICOLOGIA

*U*m fato interessante, que fala muito alto, pudemos observar há dias, durante uma reunião mediúnica, de socorro e esclarecimento a Espíritos desencarnados que sofrem as conseqüências de seus erros e vícios. Apresentou-se, através de um médium, uma entidade espiritual que, quando aqui encarnada — informa ela — animara o corpo de um respeitado psicólogo. "A sociedade elevou-me às alturas", disse o Espírito.

Estava esse Espírito há muito tempo observando o trabalho de assistência espiritual e apoio moral, que uma determinada sociedade espírita desta capital ministra às pessoas que a procuram em busca de socorro. "Não vejo aqui nenhum psicólogo", dizia o Espírito. "E por isso estou disposto a acabar com toda esta encenação", arrematava arrogantemente, do alto de sua sabedoria. Realmente, sua atuação, contrária ao bom andamento dos trabalhos naquela sociedade, fazia-se sentir na forma de perturbações várias.

O dirigente do trabalho mediúnico procurou explicar ao Espírito que, realmente, ali não existia nenhum psicólogo; apenas pessoas de boa vontade, de coração aberto, dispostas a ouvir e ajudar, sem preocupações de diagnosticar, nem de classificar cientificamente os tipos de problemas. Os colaboradores, todos voluntários — explicava o dirigente — sabem que as pessoas querem um apoio, querem ser ouvidas. E fazem simplesmente isto: ouvem, orientam, encaminham. Dão amizade, amor, compreensão. Não são técnicos; são amigos.

Pediu o dirigente que o Espírito analisasse o próprio coração (de um psicólogo) e o coração dos colaboradores daquela sociedade assistencial. Depois de alguns segundos de silêncio — em que se percebia que a análise estava sendo feita — o Espírito declarou:

"Estou diante de um fato novo. Nunca tinha observado isto antes. Então caem por terra todos os conhecimentos por mim acumulados?". Estava vendo o coração dos colaboradores envolto em luz e o seu próprio coração sem nenhuma luz. Era apenas um técnico aplicando regras psicológicas a seus pacientes; seu coração não emitia luz em direção dos pacientes, não dava amor em seu trabalho.

O dirigente do trabalho explicou que os conhecimentos por ele acumulados não caíam por terra em hipótese alguma. Serviriam de base para receber a iluminação do amor, desde que ele — psicólogo — se dispusesse também a amar as criaturas e não apenas classificá-las, condicionando-as à pratica de determinados comportamentos automáticos. O conhecimento teórico seria muito importante para ele exercer a psicologia cristã em que o amor tem ascendência.

Convidou-o o dirigente a fazer uma prece em conjunto, ao que o Espírito responde: "Talvez seja muito bom, porque nós, cientistas, estamos muito afastados desses problemas de ordem espiritual". Feita a prece, a entidade, comovida pelo que sentiu e pelo que pôde observar, despediu-se. "Daqueles que hoje aqui se apresentaram — disse — acho que eu era o mais necessitado; muito obrigado."

Foi a confissão comovida e honesta de um homem inteligente, a quem foi dado ver a realidade da vida. A quem foi dado ver a força do amor no tratamento psicológico.

69

FATOS MEDIÚNICOS DO NATAL

O nascimento de Jesus está cercado de uma série de fatos mediúnicos explicados pelo Espiritismo. Por exemplo:

A anunciação, isto é, o aviso a Maria de que ela seria mãe de Jesus. Segundo o evangelista Lucas, o anjo Gabriel foi a Nazaré, onde apareceu diante de Maria e lhe anunciou que fora escolhida para ser mãe de Jesus. Sabemos que o anjo não precisava necessariamente ter o nome de Gabriel; deveria ser um Espírito de alta hierarquia, mensageiro dos Planos Superiores da Vida, que se apresentou a Maria. Mas, como, sendo ele anjo (isto é, Espírito elevado), e, portanto, invisível, pôde ser percebido por Maria? Há duas hipóteses mais prováveis: 1ª) o anjo materializou-se diante de Maria para que ela o visse; 2ª) Maria teve uma vidência e reconheceu esse Espírito superior, de quem ouviu a anunciação.

O primeiro caso, da materialização, é um recurso utilizado pelos Espíritos para se fazerem visíveis a um grupo de pessoas ou a uma determinada pessoa. Para tanto, revestem seu perispírito (o corpo invisível do Espírito) de fluidos mais materializados, retirados de uma ou mais pessoas presentes à cena. No segundo caso, a vidência, o Espírito permanece invisível aos olhos do corpo; mas o médium (supondo-se Maria um médium) percebe sua presença pela visão espiritual, mesmo com os olhos fechados. E pode dialogar com o Espírito, pelo pensamento, sem articular nenhuma palavra.

Logo após o nascimento de Jesus na manjedoura, Lucas nos relata a visão dos pastores, a quem um anjo comunica o acontecimento; comunicação esta seguida de um coro celestial entoando: "Glória a Deus no mais alto dos Céus, e paz na Terra aos homens de boa vontade". Vemos também aqui um fenômeno de materialização ou vidência da parte do grupo de pastores. E, também, o fenômeno mediúnico chamado "voz direta". O coro de anjos, relatado por Lucas, vinha do espaço, não era entoado por nenhum coral de homens encarnados.

Mas, ao mesmo tempo era ouvido pelos pastores; portanto, os Espíritos emitiam sons ouvidos pelos homens. Allan Kardec, no *O Livro dos Médiuns*, explica que "os sons espirituais ou pneumatofônicos têm duas maneiras bem distintas de se produzir: é, algumas vezes, uma voz íntima que ecoa na consciência; de outras vezes são palavras exteriores e tão distintamente articuladas como se proviessem de uma pessoa que teríamos ao nosso lado".

A visitação dos **Reis Magos** também é rica em manifestações mediúnicas. Podemos anotar aí, por exemplo: a estrela que lhes indicou o lugar onde havia nascido Jesus; a certeza dos três de que a estrela indicava o nascimento do Mestre. Certeza essa expressa na palavra deles a Herodes: "Onde está o rei dos judeus, que é nascido?".

É possível que a estrela (que não é registrada até hoje por nenhum astrônomo) fosse uma radiação de Espíritos superiores velando pela segurança dos primeiros momentos da encarnação de Jesus. E como tal, essa radiação fora percebida pela vidência dos Magos, que eram médiuns. E, como médiuns, tinham também os magos o dom da inspiração, que lhes deu a certeza da natureza superior de Jesus, bem como de sua missão na Terra.

Mateus narra que, quando os magos se retiraram, um anjo apareceu em sonho a José, prevenindo-o de que deveria levar o menino e Maria para o Egito, a fim de escapar da matança ordenada por Herodes. Vê-se aqui que José, Espírito privilegiado, quando acordou lembrou-se perfeitamente do contato que mantivera com o Espírito superior, e, imediatamente, iniciou a fuga para o Egito. Esse acontecimento (contato com Espíritos desencarnados durante o sono) costuma ocorrer com todos nós, todos os dias, mesmo para os que não têm nenhuma aptidão mediúnica, isto é, não apresentem nenhuma manifestação mediúnica acentuada. Ocorre que, quando acordamos, pouco nos lembramos desses contatos ou nos lembramos de pequenas frações; ao serem montadas racionalmente, nos dão fatos irreais porque pecam pela falta de lembranças importantes. Não quer, também, isso dizer, que todos os nossos sonhos são contatos que fazemos com Espíritos desencarnados; muitos de nossos sonhos ou lembranças do período de sono são decorrência de preocupações de véspera ou, mesmo, de distúrbios orgânicos.

Está, portanto, o nascimento de Jesus envolto numa série de manifestações mediúnicas estudadas pelo Espiritismo. Manifestações estas que não devem ser levadas à conta de sobrenaturais, mas tão-somente de manifestações naturais. Por muito tempo foram tomadas como sobrenaturais porque não se lhes encontravam explicações; e o homem tende a fantasiar tudo aquilo para o que não encontra explicações dentro da limitação de seus conhecimentos. Como o índio que considerou o bandeirante um ser sobrenatural só porque ateou fogo a uma vasilha com álcool; simplesmente o desconhecimento de elementos perfeitamente naturais.

O fato de acharmos perfeitamente naturais essas manifestações não tira em nada o mérito de Jesus. Pelo contrário, vem confirmar aquilo que ele sempre enfatizou: "Não vim destruir a lei, mas dar cumprimento à lei". Não pretenderia o Mestre encarnar desencadeando processos mágicos, mas tão-somente encarnar como um homem. Apenas sua vida é que foi diferente da dos homens; foi uma vida de Amor coroada pelo exemplo do Perdão.

70

O TRAFICANTE DE TÓXICOS

O problema do tóxico está agora sensibilizando nossas autoridades, que partem para uma campanha de grande envergadura visando principalmente combater o vício e o tráfico nas escolas brasileiras. É justamente nas escolas que o traficante encontra bom público consumidor, receptivo à mensagem do vício que lhe é levada, inicialmente, de uma forma camuflada, apresentada como uma experiência que deve ser feita para que o jovem possa pertencer à classe dos "pra frente".

Na medida de nossas possibilidades, procuramos dar uma visão sumária do problema do tóxico do ponto de vista espírita. De início abordaremos a figura do traficante: um indivíduo que está construindo o maior dos "infernos" para si próprio. Partindo-se do princípio de que toda ação trará, inevitavelmente, uma reação, o traficante de tóxicos, que pela sua ação é um destruidor da saúde alheia, sofrerá fatalmente um processo destruidor de sua saúde orgânica e mental que poderá se estender a muitos de seus familiares. Esse processo mórbido, a reação a uma ação mórbida, geralmente não o atinge na presente encarnação. Como assumiu o tráfico de entorpecentes conscientemente, utilizando sua própria vontade, assume uma responsabilidade consciente, um compromisso espiritual que não desaparece com a simples morte do corpo. Um compromisso que não fica retido às portas do túmulo. É a própria consciência, a mente imortal, que carregará consigo esse compromisso para a grande viagem do além-túmulo.

É possível que o traficante consiga ganhar muito dinheiro com esse comércio vil, e, em decorrência, possa deixar recursos para o custeio de pomposas cerimônias fúnebres; pode até deixar vultosas somas, em prescrição testamentária, destinadas a obras filantrópicas. A cerimônia fúnebre, oficiada por representantes de qualquer crença religiosa, de nada lhe servirá; pelo contrário, em alguns casos aumentará a aflição de seu Espírito pois lhe soará como mais uma vil transação: a compra de uma paz que ele jamais semeou quando encarnado. Os recursos que deixa para obras filantrópicas pouco aliviarão suas penas: são como o tratamento hospitalar que se dá a uma criança raquítica após a havermos levado à exaustão física por lhe termos negado o leite. O benefício que essas obras trarão a seu Espírito sofredor será o bálsamo da prece sincera daqueles que estão agora sendo assistidos. Essa prece, a lembrança amiga, cairá sobre seu Espírito como a chuva que leva o pó de um velho telhado: mostrará toda a extensão do mal que cometeu e o concitará ao arrependimento. Vindo o arrependimento, começa toda uma série de expiações, de reparações.

O traficante de tóxico, arrependido, volta à nova encarnação. E como será a aparência desse faltoso? Poderá retornar apresentando as mais variadas manifestações de doença. Por exemplo, poderá vir com o sistema nervoso totalmente abalado, para aprender a valorizar o sublime patrimônio do controle emotivo que ele tão bem soube destruir nos outros; poderá reencarnar débil mental, ou simplesmente paralítico, já que na vida anterior utilizou as pernas em andanças destruidoras distribuindo drogas que paralisaram o raciocínio de milhares de pessoas. Enfim, a Sublime Justiça de Deus, que é infalível, saberá como punir esse devedor. E como Justiça Sublime, saberá aplicar a punição que, ao mesmo tempo, será um poderoso corretivo. É essa Justiça que exige o pagamento do último ceitil, da última moeda, da dívida contraída com o Criador. Dívida representada pelo mal que cometeu a outras criaturas.

Pode o Espírito do faltoso, no plano espiritual e arrependido do mal que cometeu, desejar já na próxima reencarnação recuperar parte dos indivíduos que transviou; é possível que a Providência Divina o permita. E ele reencarnará de forma que, a partir do próprio lar, começará a receber, reencarnados como filhos ou parentes afins, os Espíritos que viciou na vida anterior. E todos eles também virão refletindo o vício, trazendo consigo forte dose de debilidade mental ou emotiva. De qualquer forma, tudo o que destruiu, ele terá de reconstruir, podendo essa reconstrução lhe custar dezenas de reencarnações de sofrimento.

Muitos perguntarão: se isto ocorre ao Espírito que se arrepende logo, o que acontece àquele que se recusa a arrepender-se? A resposta pode ser dada a partir de uma afirmação de Jesus ("A cada um será dado segundo suas obras"): como sua obra foi má, e ele teima em não reconhecê-la como tal, ficará recebendo os efeitos desse mal em seu Espírito até que se disponha a repará-lo. Em suma: retardará sua libertação e permanecerá por mais tempo no verdadeiro inferno construído por sua própria consciência culpada.

No nosso próximo artigo procuraremos abordar a figura do viciado, do toxicômano, e da responsabilidade que também assume perante sua própria consciência. Pretendemos também lançar algumas idéias para ajudar a recuperação dos viciados.

71
O TOXICÔMANO

*S*e o indivíduo viciado em tóxicos, ou no álcool, tivesse conhecimento das graves conseqüências desse vício para seu Espírito, chegaria à conclusão de que é muito melhor fazer agora um esforço redobrado para deixar o vício. O esforço que não é feito agora, a força de vontade necessária para abandonar essa aberração de costume, terá necessariamente de ser feito mais tarde e em situações muito piores. Tal é a lei que determina o progresso de todas as criaturas, não permitindo a retrogradação de nenhum ser da Criação, e nenhum indivíduo progride sem estar em sã consciência de seus atos; o toxicômano se impôs a inconsciência e, por isso, um dia aprenderá a valorizar a manifestação da consciência, à custa de seu próprio sofrimento.

Portanto, no plano geral da vida, o problema do tóxico já está equacionado. Enquadra-se — como todos os atos do homem — na Lei de Causa e Efeito, ou Ação e Reação. É a lei de liberdade absoluta, do livre-arbítrio: o indivíduo tem tanta liberdade, seus pensamentos e seus atos (estes, quando dizem respeito à sua vida íntima) são tão livres, que, na maioria das vezes, ele utiliza mal essa liberdade; escraviza-se a um vício. Fica dependendo de uma força exterior (o tóxico), aniquilando em si as condições primordiais que autorizam uma pessoa a fazer uso da própria liberdade. Isso é um bom tema para meditação dos que buscam o tóxico ou outros derivativos a pretexto de se tornarem mais livres: o indivíduo, em si, possui a mais extensa faixa de liberdade. Essa liberdade chega ao ponto de deixar a pessoa livre até para destruir temporariamente o direito de ser livre.

Esses conceitos são válidos apenas quando se tem a largueza de espírito para ver o homem em seu todo, em sua parte perecível (corpo) e em sua parte imortal — a mente, alma ou Espírito. E, principalmente, quando se tem o bom senso de analisar o plano da Vida como um acontecimento que, se dá a cada homem o livre-arbítrio, lhe exige inteira responsabilidade de todos os atos cometidos. Para quem quiser aprofundar-se nestes conceitos, recomendamos a leitura de *O Livro dos Espíritos*, principalmente na parte em que essa obra aborda as leis morais.

O toxicômano, é evidente, não foge às conseqüências de seu ato. Inicialmente, já na presente vida, em que sua moral vai decaindo, começa a sofrer as conseqüências. Entretanto, a derrocada continua no além-túmulo; o corpo se desfaz na sepultura desfazendo as cicatrizes materiais do vício. O Espírito, contudo, se desprende, levando as marcas profundas de uma conduta destrutiva. Essas marcas permanecem por muito tempo, e é possível que a alma erre sem rumo, inconscientemente, já que não soube valorizar o patrimônio da própria mente, utilizando excitantes e calmantes indiscriminadamente. É fatal que esse Espírito tomará novo corpo, carregando consigo as cicatrizes do vício que adotou conscientemente. Poderá retornar ao mundo na condição de um desequilibrado mental.

Deve-se, ainda, considerar que o uso continuado do tóxico provoca uma espécie de rompimento de nossa "cortina" protetora, de nosso perispírito, dando origem a brechas por onde penetram influenciações de ordem inferior partidas de Espíritos menos evoluídos. Passa-se, então, à obsessão e à possessão, em que o indivíduo se vê inteiramente à mercê dos mais ignorantes seres que habitam o mundo espiritual, ainda nos primeiros degraus da evolução. São dessa fase as visões fantasmagóricas, principalmente de animais horripilantes. Um triste espetáculo para quem pretendia liberdade absoluta.

Não damos as descrições desses quadros com o intuito de assustar o leitor. Fazêmo-lo apenas com a finalidade de lançar material para análise e meditação dos indivíduos envolvidos no vício. Se eles realmente acham que estão no caminho errado, há chance de recuperação e de se verem livres das trágicas conseqüências em uma vida futura. Desde que a pessoa se disponha a mudar seus hábitos — com sinceridade, é claro — não faltarão bons Espíritos capazes de ajudá-la. Mas a ela, somente à pessoa viciada, cabe dar o primeiro passo e esforçar-se por dar o segundo. O Espiritismo pode oferecer recursos ao toxicômano que deseja mudar de rumo; pode indicar-lhe caminhos que o libertarão do vício. Caminhos que conduzem à plenitude individual.

72
DESIGUALDADE SOCIAL

*E*m todas as civilizações conhecidas, até hoje, têm surgido doutrinas que lutam pela igualdade de riquezas entre os homens, algumas até pregando o uso da violência para que os pobres possam atingir os bens dos ricos e reparti-los. Entretanto, os povos que, por um trabalho de cúpula, tiveram os bens distribuídos igualmente, acabaram convencendo-se de que estavam aniquilando a vontade de progredir do homem. Allan Kardec, codificador da Doutrina Espírita, aprecia o problema das desigualdades sociais no livro *O Evangelho segundo o Espiritismo*, escrito quando estavam em viva discussão as idéias lançadas por Marx. Diz Kardec:

"A desigualdade das riquezas é um dos problemas que em vão se procura resolver, ao considerar-se apenas a vida atual. A primeira questão que se oferece é a seguinte: por que não são todos os homens igualmente ricos? Não o são pelo fato muito simples de não serem igualmente inteligentes, ativos e laboriosos para adquirirem a riqueza, nem sóbrios e previdentes para a conservarem. Ademais, está matematicamente demonstrado que a fortuna igualmente repartida daria a cada pessoa bem pequena e insuficiente parcela; que, feita essa divisão, seria desfeito o equilíbrio econômico em pouco tempo pela diversidade de caracteres e aptidões; que, supondo-se que fosse possível e duradoura, cada qual, tendo com que viver, ocasionaria o aniquilamento dos grandes trabalhos concernentes ao progresso e bem-estar da humanidade; que, supondo-se desse ela a cada um o necessário, não haveria mais o aguilhão que impulsiona as grandes descobertas e empreendimentos úteis. Se Deus a concentra em certo número de pessoas é para aí espalhar-se em suficiente quantidade, conforme as necessidades.

Admitido isto, perguntareis porque é que Deus a concede a criaturas incapazes de fazer frutificar em benefício da coletividade. Ainda nisso está a prova da sabedoria e bondade de Deus. Dando ao homem o livre-arbítrio, faculta-lhe chegar, por uma própria experiência, a diferençar o mal do bem, para que o exercício do bem venha a ser o resultado dos seus esforços e boa vontade. O homem não deve ser conduzido fatalmente ao mal nem ao bem, para que não se torne um instrumento passivo e irresponsável, como os animais. A fortuna é um meio de experimentar moralmente; mas, é ao mesmo tempo um poderoso recurso de atividade para o progresso; não deve permanecer improdutiva, e eis por que Deus **a desloca constantemente**. Cada um deve possuí-la para exercitar-se em bem servi-la e provar que a sabe usar. Mas, como é materialmente impossível usarem-na todos ao mesmo tempo, e que, se toda gente a possuísse, ninguém trabalharia, e o melhoramento do Globo periclitaria, **cada um a possuirá por sua vez**. Quem não a possui hoje, já a teve, ou virá a tê-la em outra existência, e quem a possui agora poderá não tê-la amanhã. Há ricos e pobres, porque Deus, sendo justo, quer que todos trabalhem por sua vez. A pobreza é para uns a prova da paciência e da resignação, como para outros a riqueza é a prova da caridade e do altruísmo.

Muitos deploram com razão o lastimável uso que certas pessoas fazem da fortuna, as ignóbeis paixões que a cobiça provoca, e perguntam se Deus é justo concedendo a riqueza a essa gente. É real que se o homem só tivesse uma existência, nada justificaria tal divisão de bens na Terra. Mas, se em lugar de limitarmos a vista à vida presente, considerarmos o conjunto das existências, compreenderemos o equilíbrio da justiça. O pobre não terá motivos para acusar a Providência, nem para invejar os ricos, e estes não os terão para se vangloriar do que possuem. Se abusam disso, não será com decretos nem com leis suntuárias que se remediará o mal. As leis podem mudar o exterior, mas não reformam o coração, e por isso sua duração é temporária e sempre seguida da mais desenfreada reação. A origem do mal está no egoísmo e no orgulho, e os abusos de qualquer natureza cessarão quando os homens se regularem pela lei da caridade".

Vê-se, portanto, que a sociologia muito teria a lucrar se procurasse buscar no Espiritismo a explicação das causas das desigualdades sociais. Desigualdades que estão intimamente relacionadas com o patrimônio espiritual de cada homem e que têm razões na trajetória milenar do Espírito nas sucessivas encarnações.

73

DOENÇA GRAVE

É hora de refletirmos seriamente sobre o que poderíamos chamar de "dessensibilização" nas grandes cidades. Sobre a falta de sentimentos, a ausência de respeito para com o próximo refletida em atitudes das mais graves até as mais simples. Vejamos algumas dessas atitudes:

1ª) A buzina desenfreada atrás do carro parado no engarrafamento do trânsito.

2ª) A dona-de-casa, ou a empregada, que varre o lixo para a sarjeta sujando a frente da casa do vizinho e entupindo a canalização de águas pluviais.

3ª) O descaso, alheamento mesmo, por um ser humano deitado (ou caído?) na calçada.

4ª) O escapismo cada vez maior: "não é função minha, é caso para o governo resolver."

5ª) A depredação das praças públicas e de obras representativas de nossa cultura; ou a indiferença diante dessas depredações.

6ª) A ânsia de estudar apenas para ganhar posição social, melhor salário, e não para aprender e ampliar os horizontes espirituais.

7ª) A ganância imobiliária desrespeitando frontalmente o direito da comunidade em benefício de poucos privilegiados.

São sintomas de doenças graves. Sintomas de uma doença que poderíamos chamar de "mesquinhez espiritual", um mal gravíssimo, de conseqüências perigosíssimas, se não curado a tempo. Se deixarmos esse mal aprofundar-se no corpo da sociedade, dentro em pouco a sociedade estará coberta por uma grande chaga que a asfixiará. Seremos asfixiados pela nossa própria sujeira; pela sujeira que agora estamos irresponsavelmente jogando em cima de nosso semelhante. Sujeira moral e material.

É tempo de darmos um alerta. A sociedade está em perigo. Está em perigo porque a célula social, o indivíduo, está inerte; está se deixando conduzir por aquele fatalismo que diz: "se todo mundo faz, por que eu não posso fazer?".

É hora de todo cidadão assumir sua responsabilidade de célula no grande corpo da sociedade em que vivemos. É hora de colocarmos o remédio da fraternidade no grande corpo que se deteriora.

Lutemos contra a indiferença, a partir da indiferença que existe em nós mesmos. Sejamos duros para com os nossos erros, os erros que prejudicam o nosso próximo. Façamos isso, lutemos a partir de dentro de nós, que o nosso exemplo dará frutos.

Fujamos do escapismo: façamos aos outros aquilo que gostaríamos que os outros nos fizessem.

74
RELIGIÃO E PROGRESSO

“*A*cho que a gente que se preocupa muito com as coisas espirituais, com a vida futura, acaba se despreocupando da vida presente e não dando importância aos acontecimentos que marcam o progresso material.”

É um raciocínio que ouvimos com grande freqüência, ainda. Fruto dos preconceitos do passado, que colocaram em nossas mentes serem incompatíveis religião e ciência, religião e vida comunitária, religião e convivência social. São idéias do passado, que, hoje, com a compreensão do verdadeiro significado de Religião, já não têm mais sentido.

A religião — e quando assim falamos nos referimos àquele esforço que fazemos para a compreensão de Deus — nos ensina que o mundo futuro tem seus alicerces na vida presente. Vida presente desmantelada, vida futura desequilibrada. Não há casa sem alicerce, nem felicidade espiritual sem termos construído a felicidade em nossa vida corporal. Nada nos é dado de graça no mundo espiritual; nele vamos apenas encontrar aquilo que construímos na vida física.

Portanto, a religião, como nos ensina o Espiritismo, é o sentimento que mais nos obriga a participar da vida comunitária, trabalhando para o bem, para que tenhamos algum mérito na vida futura, na vida espiritual. Nos ensina, também, que no estágio evolutivo em que estamos, também a vida espiritual é transitória: voltamos a novos corpos, para expiar os erros do passado e evoluir para o futuro. Portanto, a própria reencarnação nos mostra a absoluta necessidade da vida física, de nosso relacionamento com o mundo material.

Aquele que, pretendendo chegar mais rápido a Deus, se isola

egoisticamente, está errado. Não está fazendo o papel de "sal da terra" como Jesus ensinou que seus seguidores fizessem. Deus alcança-se pelo serviço em benefício de criaturas necessitadas, alcança-se mediante um trabalho contínuo e persistente de reforma interior. Reforma essa que exige, automaticamente, serviço em favor do próximo.

O religioso não pode, portanto, desmerecer o progresso material. Pelo contrário, deve colaborar com a efetivação desse progresso. Mais ainda: deve dar exemplo da utilização desse progresso em benefício do próximo.

75

MEDIUNIDADE FORA DA DOUTRINA

*H*á uma infinidade de médiuns: espíritas, católicos, protestantes, budistas, ateus. No Espiritismo recebem o nome de médiuns; nas outras religiões, são chamados de "inspirados", "endemoninhados", videntes ou paranormais. Todos são instrumentos de uma força externa, que age muitas vezes independentemente da vontade do médium: são os Espíritos desencarnados ou as "almas do outro mundo".

O Espiritismo estudou a mediunidade e catalogou os fenômenos por ela produzidos. Também classificou as diversas manifestações da faculdade mediúnica, tais como: incorporação, vidência, psicografia etc. Isto é, o Espiritismo, a partir do estudo de uma faculdade (a mediunidade) natural e não sobrenatural, elaborou uma espécie de roteiro para estudo e compreensão dos fenômenos mediúnicos. Esse roteiro pode ser encontrado em *O Livro dos Médiuns*, de Allan Kardec. Se o médium se diz espírita não pode desconhecer esse livro básico.

A Igreja também registra casos de manifestação mediúnica. E isso não a desabona em nada, pois mediunidade, como faculdade, pode desabrochar em pessoas que professam as mais variadas religiões. Só que o Espiritismo, por admiti-la e estudá-la, acolhe o médium e o orienta, numa tarefa verdadeiramente evangélica, pois médium desorientado é presa fácil de obsessores e candidato certo a sanatório de doenças mentais.

Dizíamos das manifestações mediúnicas no seio da Igreja e entre elas poderíamos citar, por exemplo: as crianças de Fátima, que viram a Virgem, Santa Bernadete, e, muito recentemente, um livro editado pelas "Edições Paulinas", intitulado *Mensagens do Purgatório*, em que a alma de uma freira falecida informa a uma sua colega (médium) acerca da vida no além-túmulo.

Maomé era médium; recebia mensagens do plano espiritual, conforme ele mesmo revela. Deixou-se levar pela violência e, dessa forma, perdeu contato com os Espíritos elevados. Contudo, a religião por ele implantada trouxe seus benefícios arejando a cultura ocidental. O nome de "infiéis" que ele dava aos que não professassem seu credo, não estava na direção certa. "Infiéis", que o plano espiritual lhe inspirava, eram todos os sacerdotes e ministros que, utilizando-se do nome de Jesus agiam de forma totalmente contrária à caridade evangélica. Maomé deveria dar combate a esses infiéis, isto é, aos maus sacerdotes, aos hipócritas. Não o entendeu assim e implantou uma nova religião pela força.

Médium é intérprete de outra pessoa (pessoa invisível para nossos olhos físicos por estar num plano diferente, no plano espiritual). Assim como o repórter às vezes falseia as informações do entrevistado, o médium pode, também, não ser intérprete fiel, colocando idéias suas — preconcebidas — no meio das idéias transmitidas pelos Espíritos. Entretanto, o médium consciente e estudioso saberá, aos poucos, separar aquilo que é seu daquilo que é verdadeiramente idéia de uma mente desencarnada. É preciso ter paciência e humildade. Humildade para submeter as comunicações que recebe à crítica de pessoas bem- intencionadas.

Médium que se isola é candidato certo à fascinação, ao domínio absoluto de um Espírito pouco elevado, que acabará levando seu intérprete ao ridículo. Espíritos iluminados jamais pregam o isolamento de quem quer se seja; reconhecem que o médium deve viver em sociedade, ajudando sempre, portando-se como um ser humano normal. Deve o médium sempre aliar-se a um grupo que trabalhe em favor do próximo: a convivência com o grupo proporciona sempre um arejamento de idéias, dificultando a queda do médium e sustentando-o vibratoriamente em trabalhos espirituais. Isolamento é sintoma de queda do médium.

76
HOMENS EXILADOS

A Terra já está passando por um expurgo de Espíritos rebeldes, endurecidos na prática do mal. São homens que, após o desencarne, não têm mais oportunidade de aqui retornar em novos corpos; estão sendo exilados para mundos mais inferiores ainda que o nosso, onde expiarão seus crimes e servirão de instrumento para o aprimoramento intelectual de povos ainda selvagens.

Nosso planeta está em fase de transformação. Prepara-se para ser morada de homens renovados, onde o bem sobrepujará o mal. Passará para a categoria de "mundo de regeneração". E só terá direito a morar nele aquele que realmente estiver decididamente disposto a regenerar-se; aquele que reconhece todos os seus erros do passado e está disposto a aceitar a correção necessária sem lamúrias, sem imprecações contra a Justiça Divina.

Muitos já partiram para mundos inferiores. Não retrocederam na escala evolutiva, uma vez que o Espírito não regride nunca. Apenas foram colocados num plano onde têm afinidades: um plano primitivo, em que a força bruta e a violência imperam por contingência da própria evolução.

Outros homens estão tendo, agora, a última oportunidade de se regenerar. Estão aqui encarnados sendo submetidos a duras provas. E quando nos referimos a provas, não nos reportamos somente àqueles que padeçam miséria de toda ordem. Referimo-nos também a muitos dos que vivem na abundância e no gozo de perfeita saúde; muitas vezes tais situações são empréstimos da misericórdia divina para serem largamente utilizados em beneficio do progresso geral. Se estão desviando tais recursos em benefício próprio e em detrimento de seus semelhantes, ao prestarem contas do empréstimo recebido, à Justiça Divina, não terão alternativa que não seja o exílio.

Ninguém poderá alegar ignorância à Lei Divina. Todos aqueles que estão sendo exilados já receberam inúmeras oportunidades de regeneração; já tiveram, em ocasiões diversas, contato com elevados princípios morais e religiosos. Se nunca foram tocados por tais chamamentos é porque sempre colocaram o egoísmo e a cobiça à frente de tudo. O Pai concede oportunidade a todos seus filhos; não pode, entretanto, permitir que filhos rebeldes e endurecidos permaneçam entre os irmãos que estão empenhados em se regenerar. Tais Espíritos aproveitar-se-iam egoisticamente da bondade de seus irmãos, além de perturbá-los em seus propósitos de renovação. São como alunos rebeldes, que necessitam de classe especial por dois motivos: 1°) para não prejudicar o progresso dos demais alunos; 2°) para poder aprender por métodos especiais.

Qual o caminho para evitar o exílio a mundos inferiores? A resposta é: Jesus. Viver os ensinamentos de Jesus, ou, pelo menos, esforçar-se por começar a vivenciá-los, agora. Os homens complicaram os ensinamentos de Jesus? A Doutrina Espírita os simplificou, tornando-os acessíveis a todas as mentes. Tão simples são esses ensinamentos, que as mentes orgulhosas e cheias de empáfia descrêem deles. Estão acostumados a tudo complicar e não querem curvar-se à simplicidade.

Resta um consolo para os exilados: Deus nunca abandona seus filhos. Com o correr dos milênios conquistarão mundos felizes, a custo do esforço próprio e do aprendizado nas "classes especiais" na grande escola do Universo.

77

UM PROBLEMA DO SEXO

"*C*omo o Espiritismo encara o homossexualismo?", pergunta um leitor residente nesta Capital.

Antes de mais nada, a Doutrina Espírita, como revivescência do Cristianismo, encara o homossexual com profundo respeito. Sabe ser ele um Espírito doente, muitas vezes em processo de resgate, que precisa de compreensão para que possa disciplinar seu comportamento. Infelizmente, nossa sociedade — com raras exceções — ironiza o homossexual, transformando-o no prato predileto de piadas e gracejos de mau gosto na televisão e no teatro, principalmente.

A ironia não é remédio para nada. É vibração destrutiva. E, neste caso em especial, pode contribuir para o aumento do número de manifestações homossexuais despertando-as em indivíduos neuróticos, ávidos de publicidade.

De uma forma geral, pode-se dizer que o homossexualismo tem duas causas: 1ª) desvio do sentimento de amor; 2ª) resgate para o Espírito que, em existência anterior, abusou do sexo. Devemos ressaltar, contudo, que o sexo, como força psíquica, é atributo do Espírito. O corpo é o instrumento pelo qual se manifesta essa força. Isto é, Espírito não tem sexo; tem tendências ativas ou passivas (masculinas ou femininas, respectivamente) dependendo da experiência que quer desenvolver quando encarnado. Assim, encarna como homem ou mulher.

O procedimento normal é aquele de um Espírito de tendência ativa (encarnado como homem) ligar-se a uma mulher, que é um Espírito de tendências passivas. Ligação essa que se processa por amor, por afinidade. Entretanto, como devemos amar todas as criaturas, muitos homens (e mulheres) desviam esse sentimento para o campo sexual: sentem amor-afinidade por uma criatura do mesmo sexo e acabam interpretando que tal sentimento deve concretizar-se numa relação homossexual. Um desvio, que deve ser levado à conta de erro do Espírito, que, portanto, nos merece esforços no campo do esclarecimento e da compreensão.

Outros Espíritos, tendo abusado do sexo em vida anterior, voltam em corpo com a conformação sexual idêntica àqueles onde ele praticou o abuso. Isto é, um homem que tenha usado a mulher apenas como instrumento de prazer, poderá reencarnar em corpo de mulher para sofrer a humilhação que infligiu em vida anterior e assim aprender a respeitar a mulher. Ou, volta em corpo de homem; porém tocado de profundo remorso, não consegue agir sexualmente como homem; é arrastado para a prática homossexual.

O tratamento espiritual, através de passes e esclarecimentos evangélicos, tem surtido bons resultados para muitos homossexuais. Com esse tratamento, o indivíduo recebe novas energias, pode rearmonizar-se consigo mesmo e encaminhar a força psíquica do sexo para atividades criativas, tais como: a assistência a crianças abandonadas, o trabalho sacrificial em favor do próximo. É evidente que todo esse trabalho, na maioria das vezes, será feito sob dores morais, mas se o Espírito perseverar vencerá essa barreira e subirá mais um degrau na escalada evolutiva.

78
UM GRANDE REMÉDIO

A mensagem evangélica, principalmente os ensinamentos sublimes do Sermão da Montanha, é endereçada em especial aos sofredores. Não para que se entreguem a atitudes contemplativas, mas para que, superando a própria dor, consigam forças para lutar visando posições melhores no futuro. Futuro esse que tanto pode ser no Plano Espiritual ou numa nova encarnação aqui mesmo na Terra. Ou, ainda, em outro planeta — noutra das muitas moradas da casa do Pai.

É por isso que o Evangelho não é bem recebido pelos felizes e folgazões. Acham estes que a mensagem do Cristo é muito piegas, muito simples. Misticismo, dizem. É como se o indivíduo saudável dissesse ao doente que o remédio é bobagem; bobagem para quem tem saúde. Mas, o doente sabe quão grande é o valor do medicamento acertado. Coisa que o são não pode avaliar.

Entretanto, a mensagem evangélica transcende a esta simples comparação com o remédio para os males do corpo físico. Ela é o medicamento único para a saúde do Espírito. Saúde para a eternidade, já que o Espírito não morre nunca, renasce muitas vezes, vai se purificando até atingir o plano da felicidade completa. Ora, quanto mais saúde tiver o Espírito, mais rapidamente ascende a planos felizes. E em termos espirituais, saúde significa amor, entendimento, simplicidade, trabalho em favor do próximo.

Logo, todos precisamos do remédio evangélico. Mesmo aqueles que hoje são os chamados felizes da Terra — ricos, bem posicionados, saudáveis, etc., pois na maioria dos casos (acredito que no caso da Terra até em sua totalidade), aqueles que hoje estão nessas posições felizes são credores da Misericórdia Divina. São Espíritos muito endividados perante a Justiça do Pai, que, numa espécie de "sursis", receberam do Criador oportunidades maravilhosas de ajudar o próximo. Se não utilizarem esses recursos (empréstimos de Deus) para auxiliar a elevação social dos infelizes, estarão fatalmente aumentando sua dívida perante o Grande Credor.

Assim, o Evangelho é remédio acertado também para estes. Pois lembra a eles a necessidade do amor atuante e não beatífico e contemplativo. Lembra a eles que não se pode servir a Deus e ao dinheiro, pode-se fazer o dinheiro servir a Deus. Se têm capacidade intelectual, às vezes inata, de fazer multiplicar o dinheiro, o Evangelho lhes lembra que essa capacidade não lhes é concedida tão-somente para satisfação de seu egoísmo; ela deve ser dirigida para beneficiar a coletividade.

Se os chamados felizes da vida não distribuem parte de sua felicidade (ficando somente presos aos interesses familiares) estarão muito mais doentes do que aqueles indivíduos abatidos pela doença orgânica. Sim, muito mais doentes porque estarão envenenados pelo egoísmo, que é chaga do Espírito. Chaga do ser imortal, que somos todos nós. Ora, a doença que atinge a partícula imortal do indivíduo é muitíssimo mais grave do que aquela — passageira — que acomete o corpo. Pois, indo o corpo para o túmulo, o Espírito estará liberto da doença física.

Logo, o Evangelho não é recurso místico para aplacar o sofrimento dos doentes. É caminho lógico que deve ser seguido para nos curarmos das chagas espirituais. E essas chagas, muitas vezes, têm mais acesso ao rico do que ao pobre — pois aquele está mais sujeito a tentações; se bem que este muitas vezes pode deixar-se envolver pela revolta — uma grande chaga também.

Evangelho é remédio universal. Não é panacéia, não. É muito eficaz no tratamento dos vícios do homem, principalmente no tratamento do egoísmo destruidor e da revolta doentia.

79

O REMORSO

O remorso é o primeiro passo para a reparação da falta. Se sentimos remorso é porque reconhecemos o nosso erro, nosso mau procedimento com relação a um semelhante. Logo, o remorso exige uma complementação: uma ação em sentido contrário àquela que nos levou a senti-lo, a fim de nos liberarmos desse sentimento de culpa.

Acontece, todavia, que muita gente ainda acha que o simples fato de sentir remorso já a libera de reparar a falta. Ou, como certas pessoas que confessam seus erros (isto é, reconhecem que são erros) mas continuam cometendo as mesmas faltas. Na realidade, neste caso não houve remorso, isto é, o indivíduo confessou apenas por uma questão de convencionalismo social mas não chegou a sentir a extensão do mal praticado.

Todo mal exige reparação. Apenas para ilustrar, vamos supor que um pintor de paredes estivesse tranqüilamente no alto da escada, pintando o beiral de um sobrado. Um indivíduo passa pela calçada e resolve derrubar a escada do pintor. Este, rapidamente, agarra-se a uma viga do beiral para não cair ao solo. O indivíduo que lhe tirou a escada anda uns vinte metros; volta-se para trás e, vendo o pintor pendurado, arrepende-se do ato que cometeu.

De nada valerá o arrependimento se não voltar atrás e recolocar a escada novamente sob os pés do pintor.

Na vida real, quantas vezes "tiramos a escada de sob os pés de nossos semelhantes". Existe até a expressão "puxar o tapete de fulano", para ilustrar certos comportamentos onde prejudicamos nosso próximo. Ora, não basta nos dirigirmos a Deus dizendo-nos amargamente arrependidos por tais procedimentos; é preciso reparar o mal cometido. É preciso repor a escada embaixo dos pés daqueles a quem tentamos derrubar. Só assim nos quitamos com a nossa própria consciência e conseguiremos leveza espiritual suficiente para nos elevarmos.

O remorso é um peso para a alma, que nos prende a planos inferiores. Devemos aproveitá-lo de forma positiva, reparando a falta que o provocou.

80
A MALEDICÊNCIA

*S*e você se preocupa muito em identificar os espinhos da estrada, dentro em breve estará no meio de um espinheiro, cercado por todos os lados.

Esta é uma advertência do Espírito André Luiz, no livro *Agenda Cristã*, psicografado pelo médium Francisco Cândido Xavier. Muito apropriada para todos nós mas, particularmente, para aquelas pessoas que vivem achando defeito em tudo, criticando todos. De tanto apontar defeitos e falhas, acabam se identificando com as falhas e os vícios e passam a viver num mundo particular em que tudo é difícil.

"O mundo é mau", exclamam enfatuados, esquecendo-se de que a maldade encontra neles livre curso para expandir-se. Assemelham-se a um rio que espalha, por larga extensão de suas margens, o material envenenado que nele é atirado por indústrias dirigidas por homens invigilantes. Esquecem-se de que a maldade — como os agentes da poluição — se controlada em ambiente fechado, sem um curso que a leve para o exterior, pode ter sua ação bastante circunscrita. A maldade ou a maledicência podem ser bastante minimizadas se não encontrarem veículos de divulgação. O homem que vive identificando espinhos em sua estrada é um excelente veículo de expansão de ambas essas pragas sociais.

Aliás, a maledicência, como uma das manifestações da maldade, é um flagelo social. É o diz-que-diz-que leviano, entremeado de calúnias e meias-verdades. Passa de boca em boca e chega a arrasar muitas pessoas; chega a provocar desastres de grandes proporções. A maledicência geralmente começa com simples brincadeira de mau gosto. O "identificador de espinhos" leva-a a sério, aumenta-a com o fel de sua própria mente, e passa-a à frente. E lá vai a maledicência. Mais adiante encontra outro "identificador de espinhos" que a apanha no ar, elabora-a com mais requintes de maldade, e coloca-a novamente em circulação. Teremos, assim, um drama social de boas proporções.

É preciso que as pessoas se compenetrem de que o mal não merece comentários em parte alguma. Não o comentando estaremos colaborando para sua própria extinção. O mal merece ação enérgica; sim, sim; não, não. Merece decisão, nunca omissão. Comentários e futricas, não. Estes só servirão para aumentar a extensão do mal, para dar a outras pessoas as ferramentas para cometer males idênticos.

O bem, por sua vez, deveria ser mais divulgado. Mais comentado, para servir de exemplo. Para formação de uma corrente benéfica, uma corrente capaz de apertar o cerco ao mal.

Quando se fala em divulgar o mal ou o bem, logo todo mundo pensa na função da imprensa, do rádio e da televisão. Claro que representam papéis importantes para o aumento ou a redução do mal ou do bem. Entretanto, tais veículos não são os únicos responsáveis. Cada indivíduo é uma peça importante desse trabalho. A divulgação, boca a boca, é das mais eficientes. Se colocada a serviço da maledicência pode-se avaliar o mal que causará. Portanto, não devemos transferir a responsabilidade para os órgãos de divulgação. Toda pessoa, como ser pensante, ouvinte e falante, é um veículo de comunicação. É responsável perante a sociedade pela extensão do mal.

81

NÃO ENCONTROU O PARAÍSO

O Espírito desencarnado, comunicando-se por um médium de incorporação, exigia seu direito a uma vida cheia de felicidade após a morte do corpo físico. "Enganaram-me — dizia — faz muito tempo que aqui estou e até agora não tive um momento de paz; não encontrei o céu e tenho impressão de que o sofrimento é eterno."

Queria atingir a luz sem ter acumulado energia para fazer brotá-la inicialmente em seus próprios sentimentos. Não acumulara a energia produzida pelas boas ações calcadas unicamente nas boas e puras intenções. Nas intenções sem cunho comercial; sem o interesse do "dou aqui para comprar meu lugar no céu".

Fora realmente um cumpridor dos atos exteriores da religião em que se educara. Apenas os atos exteriores; a religião — com a suave mensagem de Jesus — nunca penetrara seus sentimentos. Sempre achara que cumprido o formalismo, estava quite com Deus. Nunca lhe passara pela cabeça que religião deve ser praticada em todos os instantes, não só na igreja. Deve, sobretudo, ser vivida no dia-a-dia de nosso relacionamento com o semelhante.

Por isso, quando saía do culto continuava a ser o mesmo homem: cheio de vícios, de egoísmo, de vaidades. Seu semelhante sempre foi visto por ele como um mero instrumento, um degrau a ser pisado para elevá-lo a posição social mais alta, nunca como um ser humano carente de apoio e compreensão.

É verdade que ao círculo familiar proporcionava todo o conforto. Mas esse conforto era dado em detrimento do conforto de outras pessoas; espezinhava muitos para enriquecer-se a si e à sua família. E as migalhas dava de esmola à igreja, como pagamento a Deus de todo o conforto conquistado. Como se Deus fosse um comerciante, ávido de boas transações, de lucros polpudos em termos monetários.

Esqueceu-se de que Deus é dono de tudo, até de nossa própria vida. Que nada poderemos dar a Ele, pois é ele o Criador de tudo; se alguma coisa lhe dermos, a tiramos de Sua própria criação. Deus é o próprio altruísmo; nada pode receber porque é o criador e mantenedor de tudo. Só damos alguma coisa a Ele, quando ajudamos uma de suas criaturas, um irmão nosso em penúria. Pois, o Pai rejubila-se com o homem que ajuda um de seus filhos.

Nunca lhe passara pela cabeça o aspecto essencialmente interior da religião. Descobrira isso muito tarde, depois do desencarne, depois de longos anos de sofrimento nas trevas de seu próprio egoísmo. Descobrira isso ouvindo o doutrinador naquela sessão espírita, ouvindo falar da essência do Evangelho, convidado a fazer um exame de consciência.

Felizmente compreendeu sua própria situação: a de um devedor perante a Lei Divina. Reconheceu-se endividado e comprometeu-se a se preparar para pagar. Reencarnará dentro em breve para que, em novo corpo físico, possa aplicar-se ao pagamento de sua própria dívida: devolver à sociedade, em forma de trabalho e renúncia, tudo aquilo que dela tomou em detrimento de seus semelhantes.

82

CÉREBRO DOENTE, ESPÍRITO LÚCIDO

*U*m médium vidente há dias nos descrevia o relacionamento corpo-espírito de um doente mental em que o cérebro está lesado. Um caso em que o Espírito (com a mente) é perfeitamente lúcido; atrofiado é o órgão principal de sua manifestação: o cérebro.

Pôde o vidente notar que em certos momentos do desespero desse Espírito encarnado, quando ele chora copiosamente, o rosto ri. Dá gargalhadas. E o Espírito mais se desespera ainda. Isto é, os sentimentos do Espírito ao serem transmitidos ao cérebro físico, devido à dificuldade deste órgão, são por este mal interpretados. Assim, a expressão facial de choro é transformada em gargalhadas; houve como que uma "linha cruzada" em ligação telefônica. O equipamento não transmite a mensagem desejada.

Neste caso, o Espírito está perfeitamente lúcido. Tem absoluta consciência de que está preso a um corpo cujo cérebro não é fiel executor de sua vontade. Como um presidiário, que tem consciência de que existem milhões de pessoas em liberdade, mas ele não pode deixar o presídio até cumprir o total da pena ou obter liberdade condicional. No campo moral, espiritual, também existe a liberdade condicional, obtida pelo indivíduo através do esforço em benefício de si mesmo, pelo trabalho em favor do próximo.

No caso em análise, este Espírito está realmente num presídio corporal, para não continuar seu roteiro de destruição. Rebuscando suas reminiscências mentais pode-se observar que foi um homem de letras de séculos atrás. Seus escritos levaram o desespero e a morte a centenas de indivíduos; pode-se ver, nos quadros de suas recordações, os cadáveres das vítimas de sua criação literária. Se na presente encarnação viesse com cérebro perfeito, continuaria destruindo porque não aceitou a responsabilidade de todos os seus atos. Assim, a Misericórdia Divina o internou num presídio corporal, para que repouse e medite.

É preciso meditar sobre o valor do cérebro como instrumento da manifestação da inteligência, e perceber que a inteligência voltada para o mal perde temporariamente o instrumento. Se o lavrador utilizar a enxada para matar alguém, perderá temporariamente o direito de usar a enxada, até expiar sua culpa num presídio. A inteligência, como conquista do Espírito, é a enxada do intelectual emprestada a ele por Deus. Se utilizar essa faculdade contra o Criador, vilipendiando as criaturas, terá de responder perante o Tribunal Divino.

O nosso amigo, hoje doente mental por lesão cerebral, tem absoluta consciência de seu passado. Por isso, o Evangelho é o grande remédio para o seu mal. Com a leitura do Evangelho, vamos atingindo seu Espírito, e os ensinamentos do Mestre, relativos às leis de causa e efeito, vão penetrando em seu ser e eliminando-lhe a desesperação. Sem desespero, esse Espírito poderá melhor aproveitar o estágio no presídio físico, meditando sobre a grandeza da Justiça Divina que dá a cada um segundo suas obras. Na próxima encarnação, poderá vir como indivíduo equilibrado, plenamente consciente de sua responsabilidade perante as outras criaturas, e elevar-se rapidamente pelo serviço que fizer em favor do próximo.

83

VICIAÇÕES MEDIÚNICAS

*M*ediunidade não tem nenhum mistério. Para manifestar-se não exige ambientes fúnebres, rituais, vestes apropriadas. É uma faculdade natural do homem; não é nenhuma fantasia. Uma faculdade como a de pensar, ouvir, ver, falar.

Não seria ridículo se, para falarmos, estabelecêssemos todo um ritual, um aparato que impressionasse nossos sentidos? Se assim o fizéssemos seríamos levados à conta de insensatos. Não há razão nenhuma, portanto, de utilizarmos tais aparatos para a manifestação natural da faculdade mediúnica.

É claro que existem médiuns que complicam muito a manifestação dessa faculdade. São portadores das chamadas "viciações mediúnicas". Entre essas viciações, que podem ser corrigidas, as mais comuns são:

1ª) O médium iniciar a comunicação fazendo o Espírito sempre dizer: "estou à direita", ou "estou à esquerda" do médium. Ora, é irrelevante a posição física em que o Espírito está em relação ao médium. Além do mais existem muitas comunicações, inteiramente telepáticas, em que o Espírito comunicante está às vezes a centenas de quilômetros do médium.

2ª) O médium estrebuchar, respirar bufando, bater os pés ou as mãos. Isto é falta de educação mediúnica. Deve o médium ajustar-se perfeitamente às vibrações do Espírito comunicante. No caso de manifestação de Espíritos ignorantes, sofredores, deve o médium sempre ter ascendência moral sobre eles. Com essa ascendência pode o médium perfeitamente controlar os impulsos menos dignos da manifestação, colaborando, assim, para o disciplinamento do próprio comunicante. Os Espíritos elevados que se comunicam, por sua vez, estão sempre desligados de quaisquer formas exteriores; se o médium agitar-se com a comunicação de um Espírito de hierarquia, deve realmente procurar estudar a fim de melhor ajustar-se ao comunicante.

3ª) O médium que só trabalha fumando cachimbo, bebendo aguardente, vestido de forma ritual. Também é uma viciação. Se a mediunidade é uma questão de afinidade, o médium que fuma e bebe só terá afinidade com fumantes e bebedores desencarnados. E estes, infelizmente, apesar da boa vontade, poucas condições de ajuda têm. Preocupam-se somente com os problemas materiais, ignorando as causas primárias e, dessa forma, cometendo graves erros no desenvolvimento do trabalho.

Essas viciações, contudo, não anulam ou invalidam a mediunidade. Apenas dificultam sua compreensão, pois falam muito pouco à razão e muito mais aos sentidos físicos. Diríamos, complicam muito a manifestação mediúnica. Manifestação essa que é, repetimos, da maior simplicidade e singeleza.

Entretanto, quando dizemos que se trata de manifestação simples e singela, queremos afirmar que, por isso mesmo, ela exige simplicidade e humildade da parte do médium. Humildade para nunca se considerar "o mais importante", e sempre aquele que deve servir sempre, mesmo que os pés estejam sangrando e o coração amargurado pela incompreensão dos homens.

A manifestação mediúnica, para apresentar-se na singeleza e simplicidade com que ocorria nos primeiros tempos do Cristianismo, entre os apóstolos, exige: a) estudo constante da faculdade, para sabermos que a mediunidade é uma faculdade que se desenvolve sempre; b) reforma íntima permanente, para que o médium realmente viva os ensinamentos de Jesus e possa, assim, ser bom veículo da excelsa misericórdia de Deus.

84
INIMIGOS DO CRISTÃO

*A*tualmente o cristão não teme, como no passado, o martírio na arena ou na cruz. Métodos que o passado consagrou na vã pretensão de barrar a grande renovação lançada por Jesus e pela qual ele mesmo pagou com o sacrifício na cruz.

Hoje, o cristão é perseguido por métodos muito mais sutis. Métodos estes, contudo, originados dentro dele mesmo e alimentados, muitas vezes, com muito carinho. Explicando melhor e exemplificando: o indivíduo diz-se cristão mas é egoísta e antifraterno. Com isso oferece campo para Espíritos desencarnados, do mesmo nível (egoístas e anti-fraternos) que, apoiados na tendência do encarnado, irão lhe ampliando o egoísmo e a falta de sentimentos de solidariedade.

Um inimigo oculto dentro de nós (representado sempre por um vício ou defeito) é o nosso próprio algoz. E, justamente por ser nosso filho, muitas vezes não o identificamos e ficamos lutando contra imaginários inimigos exteriores.

O inimigo oculto, contudo, sempre deixa um rabinho de fora. Isto é, nunca poderemos esconder aquilo que realmente somos. Pelo menos no campo espiritual, isto é uma realidade. Assim por exemplo, o criminoso emitirá vibrações de destruição, facilmente captadas — tal uma onda de rádio — por mentes desencarnadas também dedicadas ao crime. E, por essa mesma onda, tais Espíritos influenciarão o encarnado a praticar crimes mais refinados ainda.

Entendamos que não se trata do ataque de um inimigo exterior. Trata-se simplesmente de nosso convite para a infiltração de um inimigo exterior. Nós oferecemos o campo, a praça de guerra. Acontece que quando o inimigo ocupa posições estratégicas na praça, torna-se muito mais difícil desalojá-lo. Difícil, mas não impossível. Os tratamentos espirituais auxiliarão muito.

Não deve, portanto, o cristão perder tempo em lutar contra inimigos imaginários. É claro que a luz sempre teve inimigos, mas enquanto for luz continuará espancando as trevas. Deve o cristão, antes de mais nada, procurar lutar contra os inimigos interiores (maledicência, inveja, ciúme, irritação, etc.), pois eliminados estes, os inimigos externos não terão campo onde se alojar em nós.

É por isso que o Espiritismo insiste em que todos os homens vivam o Evangelho de Jesus. Porque pelo Evangelho o homem vai, aos poucos ou rapidamente (dependendo da própria vontade) conseguindo elementos para vencer seus inimigos íntimos. O Evangelho prepara um campo de paz dentro de cada um, onde a guerra se tornará impraticável. Um campo onde os inimigos do bem não conseguirão penetrar.

85
A TAREFA DE CADA UM

"*A* tarefa adiada ressurge complicada mais à frente." É uma frase de mensagem de Joanna de Angelis, sobre a responsabilidade, psicografada pelo médium Divaldo P. Franco, de Salvador.

Por que tarefa adiada ressurgirá mais complicada, para nós, no futuro? Não é justo que, se adiamos a execução de uma tarefa, a ela voltemos com mais forças no futuro devido ao período de descanso que gozamos em decorrência do adiamento?

Para o homem acomodado, para aquele que fica dizendo sempre: "amanhã eu faço esse serviço", não é nada confortador ouvir uma frase destas. No entanto, é a pura verdade. Tudo aquilo que deixamos para amanhã fica mais difícil; bem como é muito difícil tentarmos fazer hoje aquilo que nos está reservado para amanhã. Isto é, tudo tem seu momento certo. O operário de uma linha de montagem, por exemplo, sabe que precisa esperar a peça chegar até suas mãos para nela montar outro elemento: não pode antecipar-se nem atrasar-se. Ambos — o atraso e o avanço extemporâneo — prejudicarão o acabamento da peça.

Tudo é questão de responsabilidade. O operário responsável sabe qual o momento em que deve atuar, sabe qual o seu dever; não fica esperando que o outro faça a tarefa que é dele. O servidor relapso estará sempre arrumando desculpas para não fazer aquilo que lhe compete. "Deixa pra depois; é possível que assim apareça alguém que faça o serviço para mim" — pensa ele. E muitas vezes aparece mesmo aquele responsável que venha fazer o serviço do relapso.

E o que acontece ao servidor relapso? Vai caindo, desmoralizando-se, entra em processo de hibernação. Um dia acordará num ambiente totalmente modificado: todos caminharam para a frente, ele ficou parado e agora está num meio desconhecido, onde terá de recomeçar a tarefa interrompida sem o apoio dos companheiros que seguiram à frente. E é melancólico termos de executar uma tarefa num ambiente hostil, sem apoio de amigos e entes queridos.

É isso que acontece àqueles que numa encarnação adiaram compromissos; voltam a uma nova existência carnal para saldar os compromissos assumidos mas, geralmente, renascendo num ambiente onde não encontram apoio. Seus familiares da vida anterior, se cumpriram fielmente suas tarefas, terão dado um passo à frente e, com certeza, o estarão aguardando na vanguarda, porém não podem fazer por ele as tarefas que ele mesmo abandonou numa vida anterior. É claro que o encorajarão à distância mas não podem tomá-lo sobre os ombros.

Quando falamos em tarefa, muita gente fica confusa. Qual será minha tarefa? Será que estou cumprindo fielmente minha tarefa? Ora, é muito simples descobrir a nossa tarefa. Ela deve ser executada onde a vida nos colocou. Assim, o mecânico que cumpra honestamente sua tarefa de cuidar da segurança dos veículos; o escritor, que escreva sem destruir; o governante que governe colocando sempre o interesse da coletividade acima de seus interesses particulares; o lixeiro que cumpra fielmente sua tarefa de apóstolo da limpeza.

O homem responsável sabe que deve realmente cumprir a tarefa onde a vida o colocou; não olha para os lados (invejando os companheiros empenhados em outras tarefas), nem para trás, pretendendo o descanso antes do tempo. Só olha para a frente, a fim de vislumbrar os divinos resultados de uma tarefa bem cumprida.

86

NINGUÉM PODE NOS OFENDER

***P**ara o cristão, ou mesmo para aquele que admite o Deus-Único como Criador de Todas as Coisas, deixa de existir a figura da ofensa cometida por terceiros, isto é, nunca somos ofendidos por ninguém, a não ser por nós próprios.

Expliquemos melhor. Somos partículas de Deus, Suas criaturas. Somos deuses, na explicação de Jesus, porque o Espírito é potencialmente divino e caminha rumo ao Criador tal qual a centelha sendo atraída pelo foco. Nesta caminhada rumo ao Criador, a centelha divina (que somos nós) adquire liberdade, passa a exercer o livre-arbítrio. O livre-arbítrio é condição essencial para o crescimento da centelha rumo ao Criador; crescimento pelos caminhos da Dor ou pelos caminhos do Amor.

Logo, podemos chegar a duas hipóteses: 1ª) Deus, por ser o nosso Criador e objetivo supremo de nossas vidas, tem poder para nos ofender; 2ª) nós, com o livre-arbítrio, agindo livremente temos poder para nos ofender.

A primeira hipótese está em absoluto desacordo com a Bondade e a Misericórdia do Pai. Jesus nos ensinou que Deus é só Amor e Misericórdia. Assim, só nos resta admitir a segunda hipótese: somente somos ofendidos por nós mesmos. Ninguém, nenhum outro ser, tem poder de nos ofender, porque, em essência, todos temos a mesma origem e rumamos para o mesmo destino.

O leitor poderá estar confuso e perguntar:

— Mas, como? E quando alguém me ofende, me fere, me calunia. Isso não é ofensa?

Suponhamos que o leitor seja o Pedro. A ofensa, o ferimento, a calúnia, foi dirigida ao Pedro, isto é, àquilo que achamos ser nós. Àquilo que nós-essência, nós fagulhas-divinas, acrescentamos em torno dessa essência ou dessa fagulha e passamos a confundir com a essência em si. Entretanto, tudo isso que acrescentamos para escurecer a fagulha não é a fagulha, é construção nossa mesmo. Logo, quem foi ofendido é a casca, aquilo que julgamos ser nós. Mas, na realidade nós não fomos ofendidos. É evidente que apenas nos "sentimos" ofendidos demonstrando a nossa afinidade com a ofensa.

Fomos ofendidos por nós mesmos, mas não no momento em que o outro praticou o ato que nos desagradou. Fomos auto-ofendidos muito tempo antes, a partir do momento em que começamos a acrescentar camadas de amor-próprio e orgulho em torno da essência divina. Isso sim é ferimento. E, quando alguém nos atinge, na realidade está atingindo a representação do nosso ser, a representação que nós construímos. Não está atingindo a centelha divina que existe em nós porque esta, repetimos, só duas entidades podem atingir: Deus e nós mesmos.

Melhor falando, quando alguém nos fere, está ferindo a casca, não o cerne. E, se analisarmos bem essa "ofensa", devemos realmente agradecer ao ofensor, porque se nos sentimos atingidos é porque foi escalavrado um pedaço de casca.

Lemos certa ocasião que Ghandi, o líder da libertação política da Índia, apóstolo da não-violência, após a independência de seu país, foi entrevistado por repórter inglês, estabelecendo-se o seguinte diálogo:

Repórter — Depois de toda a violência que os soldados ingleses cometeram contra o senhor, acho que o senhor odeia os ingleses, não?

Ghandi — Veja, não posso odiar os ingleses porque eles nunca me atingiram.

Está aí o resumo de tudo o que falamos. Os soldados devem ter ferido uma "capa" que se convencionou chamar de Ghandi; entretanto, o Espírito ali encarnado jamais foi atingido. Estava acima de tudo. Era extremamente humilde para sentir-se ferido.

87
SEITAS SATÂNICAS

*E*xtraordinário o número de seitas satânicas ou diabólicas que têm surgido ultimamente nos Estados Unidos e Europa. Rituais exóticos, violentos e aberrantes, são características de tais seitas, onde o componente erótico é a nota predominante.

Incrível que em pleno século XX[7] voltemos a assistir a atos de bruxaria e a sacrifícios sangrentos da Idade Média, do paganismo ou dos povos politeístas de alguns milênios passados. Numa época em que as conquistas do Espírito humano forçam uma abertura para o Cosmos, milhares de homens retornam às cavernas e às florestas pra rituais demoníacos.

Observa-se nisto tudo a presença de Espíritos perversos, obsessores, empedernidos na prática do mal. Espíritos que, encontrando campo fácil no coração e na mente de homens inseguros e materialistas, estão dando largas à sua imaginação, divertindo-se com as infantilidades e atrocidades praticadas ritualisticamente. As seitas demoníacas, as religiões satânicas, são ninhos de trevas, antros onde Espíritos malévolos encontram campo para a prática de suas idéias torpes.

Estamos numa época de transição aqui na Terra. O planeta já está passando por um expurgo; Espíritos empedernidos no mal estão tendo a última chance de aqui encarnarem com vistas à própria regeneração. Se não aproveitarem esta oportunidade, serão exilados para mundos inferiores, onde povos bárbaros deles exigirão grandes sacrifícios e renúncias.

[7] Todos os artigos deste livro foram escritos de 1970 a 1974. (Nota do Revisor)

Os homens que hoje se prestam a cultos satânicos, bem como os Espíritos desencarnados que neles exploram e ampliam essa tendência para o mórbido, estão, talvez, decretando o próprio exílio. O homem recebe muitos estímulos para a prática da verdadeira religião, isto é, o amor a seus semelhantes. Entretanto, por continuar cultivando a malevolência em seu coração, deturpa esses estímulos, transformando-os em argumentos para a prática de cultos aberrantes e contrários à fraternidade.

O homem será responsabilizado pelo desvio que fizer dos estímulos para o bem que tiver recebido. Responsabilizado será também o religioso — pastor, padre, ministro, pregador — que, por palavras ou atos, tenha contribuído para que o homem se desviasse para os caminhos da violência. Estes, os religiosos, terão maior grau de responsabilidade, porque não exemplificaram os conhecimentos que têm das realidades espirituais.

É bom advertir: a participação de qualquer pessoa num ritual satânico poderá trazer-lhe conseqüências lamentáveis para a presente e para vidas futuras. Os Espíritos malévolos que instigam tais rituais querem sempre um maior número de freqüentadores; tais freqüentadores serão seus escravos. Escravos que farão tudo o que seus senhores quiserem. Como tais senhores são desencarnados, e há muitos atos que só o Espírito encarnado pode praticar, por exigir o corpo físico, esses escravos representam marionetes que atendem aos caprichos extravagantes do Plano Espiritual Inferior.

E essa escravidão não perdura apenas enquanto o Espírito estiver encarnado; estende-se após o desencarne, após a morte física do membro da seita satânica. Não terá descanso, pois estará à mercê de tais senhores, que dele exigirão adesão a todos os planos sinistros que arquitetarem no espaço. Até reencarnarem, juntos — escravos e senhores — num mundo inferior, onde aprenderão a valorizar o progresso tecnológico como instrumento de elevação espiritual e não como meio de perversão psíquica.

88
MUDANÇA DE ESTRUTURA

*A*s pessoas que desconhecem a Doutrina Espírita costumam afirmar que os espíritas são conformistas, pois, alegam "dizem que tudo é expiação e de nada adianta lutar para superar determinado mal".

É uma visão deformada do Espiritismo; uma opinião que não encontra apoio na própria Doutrina e na vivência espírita. E quando dizemos vivência espírita nos referimos àqueles que se dedicam às obras assistenciais e, sobretudo, à grande obra da reforma interior. Então, haverá conformismo naquele indivíduo que luta arduamente para vencer os próprios defeitos? Ou, conformista será aquele que, reencarnando para superar a violência do próprio Espírito, aqui pratica as maiores violências? Este, sim, conformou-se com sua própria situação e nada fez — ou não quer fazer — para vencer um grande obstáculo à sua evolução espiritual.

Será conformista aquele espírita que nas horas de lazer se dedica a uma obra filantrópica? Ou conformista será aquele indivíduo que, terminada sua tarefa utilitária, vai para casa descansar ou para o bar "resolver", diante de um copo, os grandes problemas da humanidade? Este, sim, é um grande conformista, um conformista convicto, embora suas palavras sejam as de um inconformado; inconformado da boca para fora. Um inconformismo verbal — improdutivo, estéril e ferino — que tem o objetivo de acobertar a própria inércia; uma verdadeira cortina de fumaça.

E são justamente tais "inconformistas" que se arrogam o direito de julgar o comportamento dos espíritas no tocante ao trabalho social. "De nada adianta resolver o problema de meia dúzia de pessoas, se a própria estrutura da sociedade continua podre" — alegam. Palavreado vazio mais uma vez: estrutura, sociedade, podre.

Procuremos ser sensatos. Em termos sociais, o que é uma estrutura? É, digamos, uma série de regras e convenções estabelecidas pelos próprios homens; logo, homens viciosos produzem uma estrutura viciosa. E, o que é sociedade? É, simplesmente, a reunião dos indivíduos. Logo, indivíduos odientos produzirão uma sociedade odienta. Por que a estrutura continua podre? Sabemos, perfeitamente, que a podridão não existe sem uma causa; ora, a podridão de uma estrutura social só pode ser causada pela podridão moral dos elementos que constituem essa mesma sociedade. Mesmo quando se diz que a podridão está no ar; ela está no ar porque se desprendeu do foco infeccioso representado pelas viciações humanas.

Então, a solução será eliminar todos os homens viciosos, todos aqueles desonestos, todos os odientos e perversos? Perguntamos: será que o vício, a desonestidade, o ódio e a perversidade são atributos da carne, do corpo físico? Ou são atributos do Espírito, da essência imortal do ser humano? Se forem atributos do corpo, por que existem aqui na Terra homens bons e maus, sabendo-se que seus corpos são absolutamente idênticos?

A Doutrina Espírita nos ensina que os atributos morais pertencem ao Espírito, e que o Espírito reencarna numerosas vezes a fim de resgatar débitos contraídos em existências anteriores e poder progredir. Logo, nada adiantará eliminarmos fisicamente os maus elementos da sociedade; pois, libertos do corpo físico seus Espíritos continuarão habitando a Terra no plano invisível e estimulando vícios em outras pessoas e perturbando o ambiente psíquico do planeta. Racionalmente, portanto, a eliminação da imoralidade da face da Terra só será possível mediante o esclarecimento e a melhoria interior dos homens.

É por isso que o espírita procura dar os primeiros passos no campo da assistência social. Para que, a princípio promovendo a melhoria de alguns poucos indivíduos, possam esses mesmos indivíduos servirem de polarizadores da melhoria de um grupo maior. E esse grupo maior poderá polarizar a melhoria de uma comunidade. E assim sucessivamente. É a própria reforma de base, silenciosa mas eficiente.

89
MÉDIUNS MERCENÁRIOS

Médium não deve cobrar pelo trabalho a que se presta como intermediário do plano espiritual, para distribuição de benefícios e esclarecimento aos homens. Não deve cobrar, não deve pretender elogios, não deve pretender reconhecimento daqueles que forem beneficiados por seu intermédio. E mais: não deve traficar influência, isto é, por haver prestado serviço a alguma figura importante do mundo social, não deve fazer uso disso para beneficiar-se direta ou indiretamente.

É comum muitas pessoas nos informarem da existência de médiuns que cobram pelas consultas. O médium espírita sabe que deve dar de graça o que de graça recebeu. Não é justo acertar preço para usarmos uma faculdade que nos foi concedida de graça. Além do mais — se houver realmente mediunidade — o trabalho não será do médium; será dos Espíritos. Ora, os Espíritos não recebem dinheiro. Logo, se o médium receber por um trabalho feito por eles, estará agindo desonestamente; não é um médium de confiança.

O médium jamais deverá ganhar o pão de cada dia no exercício da mediunidade. Todo médium deve ter seu trabalho para o sustento material, exercendo a mediunidade como um verdadeiro mandato espiritual, voluntariamente. Não deve o médium pesar na sociedade; deve, ao contrário, ser uma peça importante para elevação moral e material da sociedade em que vive. Não deve ser uma figura parasitária. Deve ser um tronco onde deverá circular a seiva da vida em grande quantidade.

Muitos poderão dizer: "é digno o trabalhador de seu salário". Nada mais justo. Uma frase do próprio Cristo. O salário do médium — pelo exercício mediúnico — é a sua reabilitação moral, sua elevação espiritual. Médium é Espírito devedor, que exercendo convenientemente a mediunidade alcançará o alto salário de ter conseguido resgatar boa parte de suas dívidas do passado. Não lhe é lícito, portanto, receber o salário material. Desse salário ele realmente não é digno, pois esse dinheiro não é salário de médium. Dinheiro ele deverá conseguir trabalhando numa atividade como o comum dos mortais. Sacrificando-se mais do que o comum dos mortais, porque terá que reservar parte de seu tempo para dedicar-se gratuitamente à mediunidade.

Dizíamos que os Espíritos não recebem dinheiro. É uma verdade no tocante aos Espíritos superiores, aos mentores. Estes querem, como pagamento, que nos conduzamos fraternalmente, amando nossos semelhantes. Entretanto, os Espíritos inferiores — comunicando-se por meio de médiuns pouco esclarecidos ou mercenários — costumam exigir pagamento pelo trabalho que executam. Pagamento em espécie: cachaça, animais mortos, vela, fumo, etc. Da emanação de tais corpos ou objetos eles retiram o sustento de que necessitam, por estarem ainda muito presos à matéria. Ou, sendo Espíritos inteligentes, poderão utilizar esse "alimento" para fazer o regalo de Espíritos infelizes que mantêm sob seu comando.

Pode-se, assim, avaliar em que malha estaremos sujeitos a cair se freqüentarmos médiuns que cobram ou Espíritos que exigem pagamento em espécie. Como estão acostumados a receber pagamento por tudo o que fazem, tais Espíritos poderão achar que quando desencarnarmos seremos também entregues a eles como parte do pagamento. E isso é uma dura verdade quando o homem procura médiuns ignorantes — que trabalham com Espíritos ignorantes ou maldosos — com o fim exclusivo de pedir o mal para alguma pessoa. Se for atendido, não estará quite apenas com o pagamento previamente acertado; terá "vendido sua alma ao diabo". Terá feito um pacto com o plano espiritual inferior.

90
TEÓRICOS E PRÁTICOS

O aspecto exterior, as formas exteriores, são sempre secundárias, irrelevantes até no Cristianismo. A partir daquele ensinamento de Jesus de que "é pelo fruto que se conhece a árvore", percebe-se claramente que o cristão deve olhar os frutos e não ficar admirando a árvore.

Tudo deve dar fruto. A árvore que não dá fruto para o homem alimentar-se, os dá para as aves; ou produz flores ou apenas sombra com sua copa verdejante — que não deixam de ser frutos. O importante é olhar para os frutos, para a utilidade daquilo que é produzido.

No caso do homem, de acordo com os ensinamentos cristãos, os frutos são sua exemplificação. E é muito comum encontrarmos homens que são maravilhosas árvores de dialética que nunca deram um fruto. São grandes teóricos, tribunos de mãos vazias, intelectuais sem obras, reformadores sem base, críticos permanentes. Árvores que impressionam bem as platéias desavisadas.

Importam os frutos, está dito por Jesus. E partindo desta afirmação podemos avaliar a tremenda responsabilidade daquelas árvores que dão frutos imprestáveis, ou frutos envenenados. Principalmente estas. Os instiladores de idéias destruidoras.

Temos de reconhecer, também, que muitos dos homens que não dão bons frutos, apesar da boa figura que fazem, acabam responsáveis pela produção dos frutos envenenados. Mãos vazias, mente desequilibrada. Mente desequilibrada produz venenos mentais, que são facilmente assimilados por outras mentes desequilibradas, possuidoras de mãos vazias. E assim, de mente em mente o fruto envenenado vai sendo assimilado. Ocorre uma espécie de metabolismo mental; ele é o digerido. E gera infecção numa vasta camada da sociedade.

Ainda dentro do ensinamento da árvore e dos frutos, lembramo-nos das variadas filiações religiosas no mundo, que vivem se digladiando. "Não suporto os espíritas", diz um irmão protestante. "Não sei como pode a pessoa ser católica", diz um espírita. E no entanto nenhum dos que assim se expressam — apesar de cristãos — repararam nos frutos. Olham para a vestimenta, a crença esposada, e firmam uma posição radical. Mostram que estão usando indevidamente o título de cristãos.

Justamente por ignorarem esse sublime ensinamento de Jesus, os homens se mataram defendendo esta ou aquela doutrina religiosa. Ignoraram por egoísmo — porque "vestiram" a religião, porém nunca a viveram. Se quisessem ser cristãos não precisariam criar rituais ou regulamentos — autênticas árvores ressequidas, que mais produziram frutos envenenados do que bons frutos ou acolhedora sombra.

91

REUNIÕES FAMILIARES

*C*onhecemos muitas pessoas que se dizem espíritas e promovem reuniões mediúnicas em suas casas ou participam dessas reuniões em casas de amigos. "Freqüento uma reunião na casa de fulano" — é uma resposta muito comum quando nos interessamos em saber a que tipo de trabalho se vêm dedicando dentro da Doutrina. Como se o simples fato de freqüentar uma reunião conferisse a alguém o título de espírita!

É preciso deixar claro que as tais "reuniões em casa de fulano", na maioria das vezes trazem acomodação a todos os participantes. Acabam virando reunião social, em que a reforma íntima e as necessidades do próximo passam para um plano secundário. Ou acabam esquecidas. Reuniões particulares dentro do Espiritismo acho que só têm sentido as reuniões de Evangelho no Lar, onde a família reunida estuda e comenta os ensinamentos da Boa Nova com vistas a seu aprimoramento moral e psíquico.

Espiritismo é doutrina que nos conclama à confraternização. A união fraterna não nos recomenda nunca o isolacionismo. Jesus desceu dos páramos da luz para a arena terrestre, num corpo carnal, para dar ao homem o exemplo da participação, da vivência em sociedade. Não podemos, portanto, em nome da Doutrina Espírita nos isolar, a pretexto de não termos encontrado nenhum grupo onde nos afinizássemos.

Ora, se realmente passamos de relance por vários grupos e não nos afinamos com nenhum deles, acho que o defeito não está nos grupos. Acho que o defeito está dentro de nós. Ou será que está todo mundo errado? E, quando percebermos principalmente o defeito do isolacionismo, deveremos enfrentá-lo com vigor. Deveremos nos integrar em um grupo de trabalho doutrinário — não familiar — a fim de nos burilar e aniquilarmos o orgulho e o amor-próprio.

Os agrupamentos espíritas têm sempre a seu cargo a execução de alguma tarefa assistencial. E essa tarefa exige a participação dos elementos daquele agrupamento. Enfim, exige um pouco de esforço e colaboração de cada um. Exige que a gente se mova da posição acomodada.

Para a maioria dos que freqüentam "uma reunião na casa de fulano" é justamente a necessidade de trabalhar para o próximo que a assusta e a afasta dos Centros Espíritas. Muito melhor ficar sentado em torno de uma mesa falando com Espíritos (e entrando em mexericos, muitas vezes) do que arregaçar as mangas e colocar o dedo na pústula de mendigo jogado na sarjeta. Acho que não é a questão de afinização com um grupo que impede muita gente de se integrar, mas a falta de afinização com o trabalho. Têm vergonha de dar a mão a um esfarrapado.

"Seria vergonhoso para mim se o doutor fulano me visse metido entre um bando de esfarrapados" — é o raciocínio que corre pela mente de muitos dos freqüentadores das chamadas reuniões familiares. Como se fosse crime a prática da caridade! Vergonha deveriam ter de — após tantos anos participando de reuniões de estudo — não terem ainda aprendido nada. Não terem sequer aprendido o ABC da Doutrina Espírita, que nos concita ao exercício constante da humildade.

Não somos contra as reuniões familiares. Não podemos apenas concordar com aqueles que se dizem espíritas e têm lugar marcado numa cadeira confortável da casa de fulano toda terça-feira às 20h30. E que, terminada a reunião, só voltam ao assunto na próxima semana. Não concordamos com aqueles que têm vergonha de marcar um lugar entre os pobres e famintos; um lugar permanente, até que a pobreza e a fome desapareçam da Terra.

92

A NOSSA INDEPENDÊNCIA

Neste ano de sesquicentenário da Independência do Brasil, os espíritas deveriam esforçar-se para mais divulgar a obra *Brasil, Coração do Mundo, Pátria do Evangelho*, de autoria do Irmão X , recebida mediunicamente por Francisco Cândido Xavier. Seu autor, encoberto pelo pseudônimo, é o Espírito Humberto de Campos. A obra nos revela a missão que foi confiada ao Brasil por Jesus: a de ser a pátria do Evangelho, já que de outras terras o Evangelho foi banido.

Desfilam pelo livro as mais respeitáveis personagens de nossa História, cada qual com uma missão; os nossos heróis do passado, que deixaram marcado o sulco para a abertura, que se faz no presente, da grande estrada do futuro. Por essa obra poderemos avaliar a essência do comportamento de muitas de nossas figuras históricas, a partir de D. Henrique, fundador da Escola de Sagres, berço dos grandes navegadores.

Brasil, coração do mundo, pátria do Evangelho deveria ser eleito o livro de 1972, recomendado por professores e autoridades, para espíritas e não-espíritas. Enfim, não se limita a obra ao campo da Doutrina Espírita; abrange todo o nosso povo, dá dimensão cósmica à nossa pátria. Não se trata de ufanismo do autor, mas do resultado de pesquisas feitas por ele no plano espiritual.

Realmente, nossa independência se completará — paralelamente à auto-suficiência econômico-financeira — com a nossa integração perfeita no campo do sentimento cristão. Se não nos integrarmos nesse campo, pelo nosso próprio esforço, de nada adiantarão as riquezas; seremos mais uma nação que teve nascimento, crescimento, apogeu e queda. Uma nação de independência provisória. As riquezas vão gerando orgulho e egoísmo — os dois fatores da queda após o apogeu. Esses dois fantasmas somente são afugentados pelo cultivo permanente do amor fraterno e da compreensão evangélica.

Jesus decidiu transplantar o Evangelho — o coração — para a nossa pátria. Cabe a nós manter aqui essa árvore benigna, fazendo-a frutificar. Nos custará muito caro abrirmos mão dessa concessão divina, encaminhando-nos para a frieza de sentimentos, colocando os interesses pessoais acima do interesse coletivo. Evangelho é como sangue: além de elemento vital para nós, circula em canalizações apropriadas. O sangue circula nas veias, artérias e capilares; o Evangelho só poderá circular pelo corpo de uma nação, vitalizando-a, se os seus membros (os homens) se comportarem como canais adequados a essa circulação. A adequação só se consegue com a prática da caridade e da compreensão fraterna.

Previsões de futuro radioso para o Brasil não terão nenhum sentido se nós, brasileiros, não nos dispusermos desde já a melhorar o cultivo do Evangelho em nosso coração. A semente, todos nós a temos; cabe a cada um cultivar o seu campo interior para provocar a germinação e a formação de uma boa árvore.

Uma nação realmente evangelizada, coração do mundo, por mais poderosa que seja, jamais usará seu poder para oprimir os fracos. Pelo contrário, sempre colocará sua força ao lado dos oprimidos, apoiando-os e estimulando-os ao trabalho de auto-recuperação. Um estímulo fraterno, sem ódios ou ressentimentos. Uma nação evangelizada distribuirá amor, irradiará paz. Como o coração, que distribui sangue para todo o corpo, a nação Pátria do Evangelho fará circular vida e harmonia para todas as outras.

E o que é uma nação? É a soma de seus habitantes. O Brasil somos nós, aqueles que aqui vivemos e aqui lutamos. A nação será evangelizada na medida à que formos nos evangelizando, nos reformando interiormente. E o trabalho de auto-evangelização e reforma íntima exige muito mais do que ficarmos sentados à espera do cumprimento de profecias maravilhosas; exige muito esforço e trabalho incessante de cada um de nós.

93
SE DEUS QUISER

*E*sta observação ouvimos, certa vez, de um conhecido espírita: muita gente costuma dizer "se Deus quiser", quando na realidade está aproveitando só duas letras do nome do Criador. É a chamada "turma do miolo", que fala em Deus mas pensando no miolo dessa palavra: **eu**. Então, pode-se entender a expressão como sendo: se eu quiser; as duas letras restantes são máscaras para o "eu".

É uma observação bastante procedente. Estamos sempre mascarando o "miolo" de nossas intenções para que as possamos "vender" à sociedade e sejamos levados à conta de homens de bem. Deus está sempre nas nossas palavras, mas, no fundo, é o "eu" que estamos interessados em defender. Não só defender, como fazê-lo aniquilar outros seres, outros "eu".

Aliás, essa distorção está até prevista no decálogo, no item que manda não dizer o nome de Deus em vão. Justamente porque, quando o dizemos, estamos simplesmente interessados no "eu". Estamos sendo falsos para conosco mesmos, pensando enganar a Deus.

É preciso que o homem tenha em mente que Deus não está contando o número de vezes que citamos seu nome; está contando, e contabilizando, o número de vezes que, mesmo não crendo nele, fizermos um bem a um nosso semelhante. Um nosso semelhante filho de Deus, sua criatura.

"Se Deus quiser" é uma expressão usada automaticamente, uma frase feita. Mesmo quem não diz, tem consciência dessa omissão; consciência esta que é mais uma prova do automatismo. E esse automatismo, talvez inconscientemente, prejudica a ação do indivíduo. Explicando melhor: desde que a pessoa use essa expressão, passa a se considerar quite com Deus. Talvez seu inconsciente faça o seguinte monólogo: "falei o nome de Deus, portanto estou limpo."

Essa expressão, como qualquer outra, só terá valor quando realmente meditarmos sobre o seu verdadeiro significado. E, se analisarmos friamente essa expressão ("se Deus quiser"), vamos chegar à conclusão de que estamos buscando uma acomodação ou desculpando antecipadamente um insucesso. Ora, desde que nos deu a vida, Deus quer para nós tudo aquilo que nos seja útil na caminhada evolutiva. Do contrário, Deus não seria o pai de Justiça que a razão e a lógica nos fazem sentir.

Se analisarmos muitas dessas expressões, vamos perceber que as utilizamos — e até com certa freqüência — quando estamos pretendendo que aconteça para nós alguma coisa que prejudicará outra pessoa. E, como a nossa inferioridade ainda nos leva a ferir direitos de nossos semelhantes, seria um absurdo atribuir isso à vontade de Deus. É claro que se Ele quiser pode nos segurar para evitar que pratiquemos um determinado ato. Mas daí a atribuir ao Criador tudo aquilo que nos acontece, há uma grande diferença. Se esperarmos que Ele faça aquilo que a nós compete, o que estamos fazendo aqui?

Deus quer o nosso progresso, mas o homem do miolo (do "eu") confunde progresso social, coletivo, com seus mesquinhos interesses particulares. A vontade de Deus não se mede pela curta medida dos homens. Mas podem os homens, pensando menos no "eu", chegar mais próximos da vontade de Deus.

Não deixe de conhecer as publicações da Editora Aliança.
Uma variada linha editorial.

BEZERRA DE MENEZES,
o médico dos pobres
Vida e a obra do
dr. Bezerra de Menezes, numa
de suas melhores biografias.

DIFERENÇAS NÃO SEPARAM
Obra mediúnica, pelo
Espírito Ranieri, com
abordagem segura sobre
assuntos diversos da vida.

MARCHAS E CONTRAMARCHAS
Conflitos de uma família
que encontra a sua
redenção através da dor.

UMA HISTÓRIA QUASE COMUM
Uma vida em busca
da felicidade e da
fraternidade.

EDGARD ARMOND, meu pai
A história do homem
que criou as escolas
de Espiritismo no Brasil

EDGARD ARMOND,
um trabalhador da seara
Correspondências pessoais
tratando de
questionamentos doutrinários.

O CRISTIANISMO PRIMITIVO
Os acontecimentos históricos
que levaram as distorções
dos ensinamentos originais
do Cristo.

O RAIO X DO LIVRO ESPÍRITA
Tudo sobre a elaboração
do livro espírita,
do começo ao fim.

CAMINHOS DE LIBERTAÇÃO
Visão jornalística da Doutrina
Espírita diante de inúmeras
questões sociais e humanas.

INICIAÇÃO ESPÍRITA
Curso regular das
Escolas de Aprendizes
do Evangelho.

VIVÊNCIA DO
ESPIRITISMO CRISTÃO
Programas
do movimento da
Aliança Espírita Evangélica.

ENTENDENDO O ESPIRITISMO
Curso básico de Espiritismo,
enfocando evolução
histórica e doutrinária.

FDJ
PERGUNTAS & RESPOSTAS
109 perguntas com
respostas sobre a
Fraternidade dos Discípulos
de Jesus.

EDUCAÇÃO?... EVANGELIZAÇÃO?...

A CRIANÇA SEMPRE EM 1º LUGAR!

Se deseja que seu grupo espírita receba informativos e os novos lançamentos da área editorial de evangelização infanto-juvenil desta editora, por favor preencha os dados abaixo e envie-os para: Editora Aliança, Rua Francisca Miquelina, 259 – Bela Vista – São Paulo – SP – CEP 01316-000

Qual a Casa Espírita que frequenta:

End.: Nº

Bairro Cidade: Est.:

CEP: Fone (contato):

A Casa possui Evangelização Infanto-juvenil? ☐ Sim ☐ Não

Responsável:

Quantas crianças atende normalmente? Quantos evangelizadores possui?